스토리텔링 초등 과학 교과서 2
생물, 지구과학 편

스토리텔링
초등 과학 교과서 2(생물, 지구과학 편)

1판 1쇄 발행일 2016년 12월 26일 1판 2쇄 발행일 2017년 1월 12일
글 박연미 그림 박경민 감수 김현민
펴낸곳 (주)도서출판 북멘토 펴낸이 김태완
편집장 이희주 책임편집 류성희 편집 오지숙, 이슬 디자인 안상준 마케팅 이용구 관리 윤희영
출판등록 제6-800호(2006. 6. 13)
주소 03990 서울시 마포구 월드컵북로 6길 69(연남동 567-11) IK빌딩 3층
전화 02-332-4885 팩스 02-332-4875 이메일 bookmentorbooks@hanmail.net

ⓒ 박연미, 박경민 2016

※ 잘못된 책은 바꾸어 드립니다.
※ 이 책은 저작권법에 따라 보호를 받는 저작물이므로 무단 전재와 무단 복제를 금합니다.
　이 책의 전부 또는 일부를 쓰려면 반드시 저작권자와 출판사의 허락을 받아야 합니다.

ISBN 978-89-6319-216-1 74400
　　　978-89-6319-214-7 74400(세트)

> 이 도서의 국립중앙도서관 출판예정도서목록(CIP)은 서지정보유통지원시스템 홈페이지
> (http://seoji.nl.go.kr)와 국가자료공동목록시스템(http://www.nl.go.kr/kolisnet)에서
> 이용하실 수 있습니다. (CIP제어번호: CIP2016029901)

스토리텔링 초등 과학 교과서

2 생물, 지구과학 편

글 박연미 | 그림 박경민 | 감수 김현민

북멘토

머리말

　초등학교에서 아이들을 가르친 지 25년에 접어드는 교사이지만, 콩나물 시루에 붓는 물처럼 아이들이 매해 스쳐 가면 그뿐 제겐 남는 것이 없었습니다. 담임만 쭉 해 오다가 8년 전에 과학 전담 교사가 되면서 과학의 참맛을 비로소 알게 되었습니다.

　교과서에 나오는 실험은 물론이고, 교과서에 나오지 않는 실험까지 함께하면서 즐거운 놀이로 과학 시간을 채워 나갔습니다. 고무 동력 수레 경주, 공기 딱총 시합, 단풍나무 씨앗 모형 만들기, 고무찰흙으로 배 만들어 유리구슬 많이 싣기 시합 등 놀이를 통해 배운 과학적 원리는 아이들도 잘 잊지 않아서 시험 성적도 매우 좋았습니다.

　그런데 아이들에게 과학 원리를 쉽게 가르치기 위해 수십 권의 과학책을 읽으면서 느낀 것이 있었습니다. 초등학생용으로 쓴 책들이 초등학생이 읽기에는 너무 어렵다고 느껴지는 것이었습니다. 교사인 제가 읽어도 이해가 될까 말까 한 어려운 용어와 전문적인 내용들이 너무 많았습니다. 그래서 초등학생의 눈높이에 딱 맞춘 과학책을 써 보자는 생각을 갖게 되었습니다.

　평소에 아이들과 수업을 하면서 주고받았던 이야기들을 녹여내어 누구나 쉽게 이해할 수 있는 과학책을 쓰기 위해 노력했습니다. 과학적 지식은 전문가들보다 부족할지 몰라도, 아이들에게 쉽게 전달하는 것은 누구보다

잘할 수 있다는 자신이 있기에 가능한 일이었습니다.

　모쪼록 아이들이 이 책을 읽고 과학이란 과목을 좀 더 쉽고 재미있게 느낄 수 있기를 바랍니다. 그리고 한걸음 더 나아가서 이 책에 나오는 실험을 직접 해 보고 살아 있는 주변 생물에 대한 관심과 사랑하는 마음을 갖게 되길 바랍니다. 그렇게 된다면 제가 이 책을 쓴 목적을 이루는 셈입니다.

2016년 12월

제비꼬리 박연미 샘

이 책의 등장 인물

제비꼬리샘

과학실을 좋아하고 과학 실험을 좋아하는 호기심 많은 샘입니다. 수소 기체로 과학실을 날려 버릴 뻔했던 전력을 갖고 있습니다.

병직

실험을 좋아하고 잠시도 가만있지 못하는 개구쟁이. 엉뚱한 짓을 잘하지만, 이따금 반짝반짝 기발한 아이디어를 낼 때도 있습니다.

환규

학급 반장. 극과 극 현준이와 종종 다투기도 하지만 그래도 서로 죽이 잘 맞는 친구 사이입니다.

태양
상식이 풍부하여 선생님의 여러 질문에도 척척 대답하는 똑똑한 아이입니다.

서현
과학에 늘 관심이 많고, 성실합니다. 서현이 손에 닿으면 안 되던 실험도 성공하는 경우가 많습니다.

현준
공부에는 관심이 없고, 놀 궁리만 하는 개구쟁이입니다.

열리
기상천외한 질문과 대답으로 아이들과 선생님을 놀라게 하는 엉뚱한 아이입니다.

차례

머리말　　　　　　　　4
이 책의 등장 인물　　　6

1장 지구와 달, 뭐가 궁금해
1. 내가 사는 지구　　　　　　　　　　12
2. 지구를 따라 도는 위성, 달　　　　　24

2장 동물, 탄생에서 죽음까지
1. 배추흰나비의 한살이　　　　　　　42
2. 동물의 한살이는 어떠할까?　　　　52

3장 동물, 이렇게 살아요
1. 우리 주변에는 어떤 동물이 살까?　　　64
2. 사는 곳에 따라 살아가는 모습도 달라!　72
3. 멸종 위기에 처한 동물　　　　　　　　86
4. 동물에게서 배우다　　　　　　　　　　88

4장 씨가 싹이 트고 열매 맺기까지
1. 여러 가지 씨 관찰하기　　　　　　　　94
2. 씨의 싹을 틔우고, 식물을 길러 볼까　　98
3. 식물의 한살이는 어떠할까?　　　　　112

5장 식물, 이렇게 살아요

1. 식물에 이름을 붙여 볼까   120
2. 사는 곳에 적응한 식물들   130
3. 식물에게서 배우다   140

6장 지표의 변화

1. 흙이 없으면 나도 없어!   148
2. 산과 강은 어떻게 변화되었을까?   158

7장 화산과 지진

1. 불을 뿜는 화산   168
2. 땅이 흔들리는 지진   180

8장 지층과 화석

1. 층층이 쌓인 지층   202
2. 공룡이 살았던 걸 어떻게 알 수 있지?   216

찾아보기   232
사진 출처   240

1장. 지구와 달, 뭐가 궁금해

1. 내가 사는 지구
2. 지구를 따라 도는 위성, 달

1 내가 사는 지구

옛날 사람들은 지구가 편평하다고 생각했어요. 지금은 지구가 공처럼 둥글다는 것이 누구나 아는 상식이지만, 옛날 사람들은 자신이 서 있는 곳에서 바라보는 지형이 평평하니까 아마 지구 전체도 그럴 것이라고 생각한 것 같아요. 지구가 둥글다는 것을 어떻게 알았을까요?

지구의 모양을 알 수 있을까?

제비꼬리샘 며칠 전에 개기월식이 있었는데 본 사람?

열리 개기월식이 뭐예요?

제비꼬리샘 개기월식은 태양-지구-달이 일직선에 놓여서 달이 지구의 그림자에 가려 보이지 않는 현상이에요. 달이 완전히 가려지면 개기월식, 부분만 가려지면 부분월식이라고 해요. 개기월식을 할 때 달을 가린 지구의 그림자가 무슨 모양이던가요?

환규 둥근 모양이었어요.

제비꼬리샘 그렇죠. 월식 때 달에 비친 지구 그림자만 보아도 지구의 모양이 둥글다는 것을 알 수 있어요. 그런데 달이 둥근 것은 우리가 항상 보니까 알지만, 옛날 사람들은 지구가 둥글지 않고 편평해서 수평선 너머로 배가 넘어가면 낭떠러지 아래로 뚝 떨어진다고

개기월식

생각했어요. 그렇게 생각할 수도 있는 것이 지구 밖으로 나가야 지구가 보이는데, 지구에서 바라보기에는 땅이 편평해 보이니까 둥글다는 생각을 하지 못한 거죠. 마젤란의 세계 일주 이후에 지구가 둥글고 중력이 있어서 수평선 너머로 배가 항해를 해도 낭떠러지로 떨어지지 않고, 같은 방향으로 계속 항해를 하면 원래 출발한 곳으로 돌아온다는 것이 입증되었지요. 마젤란은 포르투갈 출신의 탐험가로, 스페인을 출발하여 대서양과 태평양을 횡단하여 서쪽으로 항해를 계속해 스페인으로 돌아오는 세계 일주에 성공한 최초의 인물이에요. 그런데 사실 세계 일주에 성공한 것은 마젤란이 아니고 마젤란의 배라고 할 수 있어요. 마젤란은 필리핀에서 살해당해서 항해를 끝까지 마치지 못했거든요.

병직	샘, 무척 비극적인 일이네요.
제비꼬리샘	그래도 그 배는 세계 일주를 마쳐서 마젤란의 이름이 역사에 남았으니 불행 중 다행이라고 할까요? 항구에서 배가 멀어질 때 배의 아랫부분부터 보이지 않다가 가장 나중에 돛이 보이지 않게 되는 것도 지구가 둥글다는 사실을 알 수 있게 하는 점이죠. 자, 농구공을 지구라고 하고 농구공 위의 종이배를 나에게서 먼 쪽으로 움직이면 샘 말대로 그렇게 보이죠? 반대로 수평선에서 나타나는 배는 돛부터 보이기 시작해요. 만약 지구가 편평하다면 멀어져도 배의 전체 모습이 다 보여야 되고, 수평선 끝이 절벽이라면 책상 가장자리로 떨어지는 것처럼 배들이 추락하겠죠?

열리	지구가 둥글어서 정말 다행이에요. 안 그러면 먼 곳으로 배를 타고 갈 때 목숨을 걸어야 할 테니까요!
제비꼬리샘	오늘날은 지구 밖에서 인공위성이 보내오는 지구 사진으로 지구가 둥글다는 것을 누구나 알지요. 그런데 지구의 모양은 공처럼 어느 곳에서나 지름이 똑같이 둥근 모양은 아니에요. 적도의 반지름은 6,378km, 극반지름은 적도반지름보다 21km 작은 6,357km이거든요. 그러나 이 정도의 차이는 지구 전체의 크기에 비해 아주 작기 때문에 공처럼 둥글다고 하는 거예요.
제비꼬리샘	그럼, 지구 위성사진에서 우리가 볼 수 있는 지구의 특징은 모양이 둥글다는 것 말고 또 어떤 것이 있을까요?
서현	파란색 부분인 바다가 넓고, 초록색과 갈색의 육지도 보여요.
제비꼬리샘	지구의 약 71%는 바다예요. 그래서 고대 그리스 사람들은 지구가 물 위에 떠 있는 편평한 원반 모양이라고 생각하기도 했답니다.
현준	하얀 것은 구름이지요? 구름의 모습도 볼 수 있어요.
제비꼬리샘	네, 지구에는 대기가 있기 때문에 구름이 흩어지지 않고 떠 있어요.

지구 표면은 어떤 모양일까?

제비꼬리샘	지구 표면의 모습은 어떤지 말해 볼까요?
서현	지구의 표면은 바다와 육지로 나눌 수 있을 것 같아요.
제비꼬리샘	그렇죠. 바다가 71%쯤 차지하고 있지요. 그리고 바다의 물은

에베레스트 산

지구 전체의 물 중 97% 이상을 차지해요. 그래서 인공위성으로 바라보면 지구가 파랗게 보이지요. 그럼 육지의 모습은 어떤가요?

태양 육지에는 높은 산도 있고, 편평한 땅도 있어요. 가장 높은 산은 에베레스트 산인데, 높이가 8,848m나 됩니다.

제비꼬리샘 와, 태양이가 아는 것도 많네!

서현 강과 호수도 있어요. 울산에는 태화강이 있고, 서울에는 한강이 있어요. 그리고 춘천에는 호수가 많아서 호반의 도시라고도 해요.

제비꼬리샘 서현이가 우리나라 여러 도시의 특징을 잘 알고 있네요. 세계에서 호수가 가장 많은 나라는 캐나다예요. 캐나다에는 큰 호수가 5개 있는데, 5대호라고 하지요. 세계적으로 큰 강 주변에는 사람들이 모여 살면서 문명이 발달하기도 했어요.

현준 샘, 갑자기 사회 시간이 되었어요.

제비꼬리샘 현준아, 원래 모든 학문은 서로 연결되어 있단다. 이렇게 육지에는 산과 들, 강과 호수를 찾아볼 수 있어요. 그럼 바닷속 모습은 어떨까요? 세계에서 가장 깊은 바다는 깊이가 얼마나 되는지 아는 사람?

환규 태평양의 마리아나해구요! 가장 깊은 곳의 깊이가 11,034m예요.

제비꼬리샘 해구는 바다의 밑바닥이 골짜기처럼 길고 움푹하게 패어 들어간 지형을 말하는데, 단면을 옆에서 보면 'V'자 모양이며 보통 수심이 6,000m 이상이에요. 정말 깊지요? 마리아나해구는

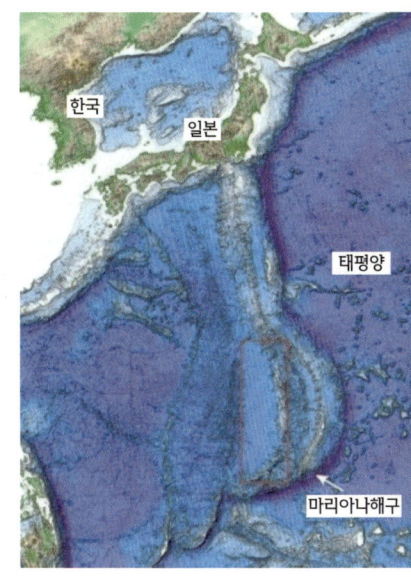

마리아나해구

가장 높은 에베레스트 산보다 무려 2,186m나 더 깊어요. 깊은 바닷속은 물의 압력이 굉장히 크기 때문에 잠수하기가 힘들어요. 그래서 최첨단 과학기술의 경연장이라고도 하는데, 지금까지 가장 깊이 잠수한 것은 1995년 태평양의 챌린저해연 바닥 10,911.4m까지 잠수하여 세계 최고 기록을 세운 일본의 무인 잠수정 가이코 호의 기록이라고 해요. 가이코 호 이전의 최고 기록은 1960년 미국의 유인 잠수정 트리에스테 호가 심해 10,883m까지 잠수한 기록이에요.

병직 샘, 해연은 뭐예요?

제비꼬리샘 해연은 해구 중에서도 가장 깊은 곳을 말해요.

열리 깊은 바닷속은 어떨지 정말 궁금해요. 샘, 바닷속에도 육지처럼

블루홀

산도 있고, 깊은 계곡도 있고 그런가 봐요?

제비꼬리샘 그럼요. 바닷속은 육지의 가장자리로부터 바다로 이어지는 깊이 200m 이내의 경사가 완만한 지형(대륙붕)도 있고, 골짜기처럼 움푹 꺼진 곳(해구)도 있고, 평원처럼 편평한 곳(심해 평원)도 있고, 화산활동으로 만들어진 바닷속 화산(해산)도 있어요. 자, 위 사진을 같이 봅시다.

현준 이 사진 속의 구멍같이 생긴 게 뭐예요? 무섭게 생겼어요.

제비꼬리샘 네. 이걸 블루홀이라고 해요. 블루홀은 화산 폭발로 생긴 분화구가 지각 변동으로 바닷속에 가라앉아서 생긴 바닷속 구멍이라고 할 수 있어요. 깊이는 아주 다양해서 어떤 것은 그 깊이를 측정하지 못한 곳도 있다고 해요. 블루홀에 내려가면 희귀 동식물을 만나 볼 수 있지만, 깊이가 깊은 곳은 물의 압력에 의해 빨려 들어가는 위험이 있어 바닷속을 잠수하는

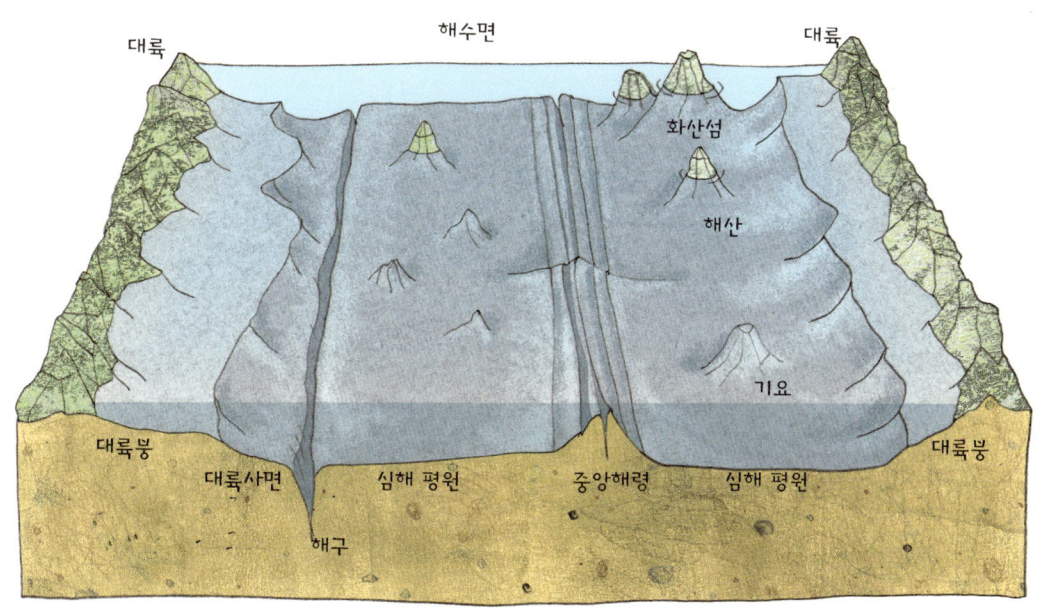

바닷속 지형

스킨스쿠버 다이버들에게 무척 위험하기도 해요.

병직 샘, 바닷속에도 화산이 있고 분화구도 있네요.

제비꼬리샘 그럼요. 울릉도와 독도도 화산활동으로 생긴 화산섬이에요. 울릉도와 독도는 바다 밑으로는 서로 연결되어 있어요. 바다에는 화산만 있는 것이 아니고 육지의 산맥 같은 바닷속 산맥도 있어요. 바다 깊은 곳에 주변보다 높게 솟아오른 큰 규모의 해저산맥이 있는데, 이것을 중앙해령이라고도 한답니다. 이곳은 지구 내부의 마그마가 분출하는 곳이에요.

병직 와, 정말 신기해요. 물 아래에 있어서 바닷속에 이렇게 육지처럼 다양한 지형이 있다는 것을 전혀 몰랐어요.

제비꼬리샘 그리고 바다는 육지에서 쓸려 내려온 퇴적물들이 쌓여 있어서 진흙으로 되어 있는 곳이 많아요. 오늘날 모든 생물들의 호흡

기체인 산소가 만들어진 것도 바닷속에서 살던 시아노박테리아의 광합성 때문이었지요. 그것으로 지구 최초의 생물인 스트로마톨라이트가 만들어졌던 거지요. 우리나라의 옹진군 소청도에도 스트로마톨라이트 화석이 있답니다. 이렇게 바다는 지구의 모든 생명체를 낳은 어머니의 구실을 했어요.

공기가 있어서 참 다행이야!

제비꼬리샘 우주인을 보면 전부 산소마스크를 쓰고 있잖아요. 그런데 우리는 왜 지구에서는 산소마스크를 쓰지 않아도 될까요?

열리 에이, 샘! 그걸 질문이라고 하세요? 너무 뻔하잖아요. 공기가 있으니까 그렇죠!

제비꼬리샘 하하! 내 질문이 그렇게 쉬웠나요? 지구에는 <u>대기가 있는데, 대기는 지구의 중력에 끌려 지구를 마치 홑이불처럼 둥그렇게 덮고 있는 기체의 층</u>을 말하는 거예요. 이 대기 때문에 지구에서는 산소마스크 없이도 숨을 쉴 수 있는 거예요. 그럼, 공기(지구를 둘러싼 대기)가 있다는 것을 어떻게 알 수 있죠?

태양 바람이 불잖아요. 바람이 부는 건 공기의 이동이니까 바람을 통해서 공기가 있다는 것을 알 수 있어요. 머리카락이 날리거나 나뭇잎이 흔들리는 것도 공기의 이동 때문이에요.

제비꼬리샘 맞아요. 그리고 자전거 바퀴도 공기 주입기로 공기를 넣으면 팽팽하게 부풀어요. 그래서 씽씽 달릴 수 있죠.

현준 샘의 못 말리는 자전거 사랑!

제비꼬리샘 하하! 그리고 환규랑 현준이랑 늘 운동장에서 차고 다니는 것, 그것 속에도 공기가 있죠.

환규, 현준 축구공!

제비꼬리샘 너희 지난번 도서관 행사 때도 몰래 빠져나가서 축구했던 거 잘 알고 있어. 으흠. 어쨌거나 공기가 없으면 너희는 축구도 할 수 없고, 샘은 자전거도 탈 수 없겠구나. 그치?

서현 공기가 없으면 생물이 살 수가 없어요. 동물도 식물도 숨을 쉬어야 살 수 있잖아요.

태양 비행기가 날거나 연을 날리거나 새가 날 때도 공기가 필요해요. 그리고 지난번에 언양에 있는 간월재라는 높은 산에서 패러글라이딩을 하는 사람을 봤는데, 바람을 타고 날기 때문에 공기가 없으면 패러글라이딩도 할 수 없어요. 또 하나! 공기가 없으면 바람이 없어서 파도도 생기지 않기 때문에 파도타기도 할 수 없어요.

제비꼬리샘 아이고, 태양아! 숨 좀 쉬면서 말하자.

자전거 바퀴

축구공

패러글라이딩

여러분이 빠뜨린 게 하나 있어요. 바닷물이 증발하면 수증기가 되는데, 이 거대한 수증기는 상승하는 공기를 따라 높은 곳에서 구름이 되지요. 공기가 없다면 구름이 만들어지지도 않아요.

병직 샘, 구름이 만들어지지 않으면 비나 눈도 내리지 않겠네요.

제비꼬리샘 그렇죠. 비나 눈은 구름이 무거워져서 지표 위로 떨어지는 것이니까 구름이 만들어지지 않으면 비나 눈도 내리지 않지요.

환규 공기가 없으면 우주에서 떨어지는 운석이 공기의 저항을 받지 않고 그대로 떨어지기 때문에 달처럼 지구 표면이 울퉁불퉁해져요.

제비꼬리샘 맞아요. 운석이 그대로 떨어진다면 생각만 해도 끔찍한 일이 벌어지겠죠! 그리고 공기가 있기 때문에 지구에서 낮에 바라보는 하늘의 색이 파란색이에요. 태양빛이 공기 중에서 산란될 때 파장이 가장 짧은 파란색이 가장 많이 산란되기 때문에 하늘이 파란색으로 보이는 거예요. 만약 공기가 없다면 지구에서 바라보는 하늘은 밤이나 낮이나 깜깜하겠죠?

현준 으, 생각만 해도 싫어요. 파란 하늘을 볼 수 없다니!

제비꼬리샘 그리고 대기 중의 오존은 우주에서 들어오는 자외선을 막아 주어 피부 노화나 백내장, 피부암 등을 막아 주고, 동식물을 보호하는 역할도 하지요. 요즈음 오존층 파괴로 인해 피부암 환자가 예전보다 많이 발생하고 있어서 큰 문제가 되고 있어요.

지구 대기의 성분

지구의 대기는 약 78%의 질소와 21%의 산소, 0.93%의 아르곤, 0.03%의 이산화탄소, 그리고 작은 양의 네온, 헬륨, 크립톤, 크세논, 오존 등으로 이루어져 있어요. 요즘 문제가 되는 주요한 온실가스는 이산화탄소와 메탄이지요. 식물은 광합성 작용으로 이산화탄소를 사용하지만, 동물이 숨을 내쉴 때 이산화탄소는 다시 대기 중으로 내보내게 됩니다. 지구의 허파라고 하는 아마존이 벌목으로 인해 산림이 훼손되어 산소를 예전만큼 만들어 내지 못하는 반면에, 자동차 같은 탈것들이 내뿜는 이산화탄소와 메탄(메탄은 소나 양의 방귀나 트림에서도 많이 발생한다)은 온실가스의 주범으로 지구 대기권을 감싸고 있기 때문에 지구의 온도가 조금씩 높아지고 있습니다. 온실가스가 없다면 태양으로부터 오는 열은 대기를 통해 쉽게 빠져나가 지구의 온도는 더욱 낮아지게 되겠지만, 요즈음은 온실가스의 지나친 증가로 인한 지구 온도 상승으로 빙하가 녹고 해수면이 높아지는 등 여러 가지 심각한 문제점이 생기고 있습니다.

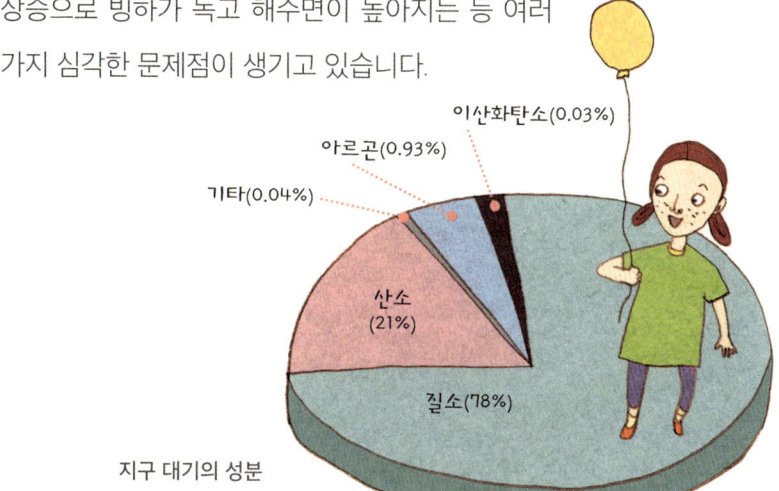

지구 대기의 성분

2 지구를 따라 도는 위성, 달

'계수나무 한 나무 토끼 한 마리~' 정말 달에 토끼도 살고 계수나무도 있을까요? 달에는 공기도 없고 물도 없어서 생명체가 살 수 없다고 알려졌습니다. 하지만 2009년 미항공우주국(NASA)에서 쏘아 올린 달 궤도 탐사 위성 '센토'를 달 남극 표면에 충돌시켜 발생한 달 먼지를 분석한 바에 의하면 달에는 얼음 형태로 물이 존재한다고 합니다.

달은 왜 울퉁불퉁할까?

열리 샘, 그런데 달은 왜 지구를 졸졸 따라다녀요?

제비꼬리샘 달은 지구와 비슷한 시기인 45억 년 전에 생겼다고 해요. 달의 생성에 대한 가장 강력한 가설은 원시 지구가 화성과 같은 거대한 행성과 부딪혀서 지구와 이 행성이 하나가 되었고, 이 충돌로 생긴 파편들이 지구의 중력에 붙들려서 달이란 위성이 되었다는 거예요. 그 뒤부터 쭉 달은 지구의 중력에 잡혀서 서로 끌어당기면서 지구 주위를 도는 위성이 된 거죠.

병직 와, 신기해요!

제비꼬리샘 달은 지구 지름의 1/4 정도 크기의 위성이에요. 태양계 행성 중에서 지구라는 행성의 크기에 비해 위성인 달의 크기는 매우 큰 편이에요. 특히 큰 보름달인 슈퍼문이 뜰 때는 달 표면의 무늬까지 자세히 보일 정도로 크게 보인답니다.

환규 그럼 달과 지구의 거리는 가까운가요?

제비꼬리샘 다른 행성에 비해선 가깝지만, 달과 지구의 평균 거리는 38만km가 넘어요. 한 시간에 100km씩 가도 3,800시간이니까 160일 가까이 걸리는 먼 거리예요. 그런데 달은 지구의 둘레를 타원형으로 돌기 때문에 지구와 가까이 있을 때는 약 36만km 쯤 되고, 멀 때는 약 40만km가 넘는답니다.

병직 아하, 그래서 달이 지구와 가까이 있을 때는 더 크게 보이는구나!

제비꼬리샘 그렇죠. 그래서 슈퍼문이란 얘기가 나오는 거예요. 실제로 슈퍼문이 뜰 때는 지구와 달의 거리가 가장 멀 때보다 14% 더 크고, 30% 더 밝게 보여요.

열리 그런데 샘, 왜 지구에서는 달의 한쪽 면밖에 안 보여요?

제비꼬리샘 달은 자전축을 중심으로 29.5일 만에 한 바퀴씩 자전하는데, 이

주기는 달이 지구 주위를 한 바퀴 공전하는 시간과 같아요. 따라서 지구에서 볼 때 달은 거의 같은 면만 보이게 되는 거지요. 열리 나와 보세요. 내가 지구고 열리가 달이라면 열리가 지구를 쳐다보면서 지구 주위를 한 바퀴 도는 것과 같은 거예요. 샘은 열리의 앞 얼굴만 볼 수 있지요. 열리의 뒤통수를 보려면 지구 밖으로 나가야 돼요.

열리 아하, 그렇구나! 샘, 몇 바퀴 돌았더니 어지러워요.

제비꼬리샘 엄살은······.

환규 샘, 그런데 달의 색은 지구와 달리 밝은 회색과 어두운 회색이에요. 왜 달의 색은 회색이죠?

제비꼬리샘 달은 지구와 달리 바다(물)도 없고 대기도 없는데다 태양이 비칠 때는 130℃까지 올라가고 밤에는 -160℃까지 기온이 내려가니까 생물이 살지 못해요. 그래서 지구와 같은 파란색, 초록색을 나타낼 만한 부분이 없지요.

환규 샘, 달에도 바다가 있어요? 아폴로 11호가 처음 달에 착륙했던 곳이 고요의 바다라고 하던데요.

제비꼬리샘 오, 그런 것도 알아요? 환규가 도서관에서 과학 만화를 부둥켜안고 살더니 과학 상식이 아주 풍부하구나. 망원경이 발달하지 못했던 시절에 달을 관찰했던 사람들은 달의 어두운 부분을 고요의 바다, 비의 바다 등의 이름으로 불렀는데, 나중에 이것이 바다가 아니란 것을 알고 난 뒤에도 이미 붙인 이름을 바꾸지 않았어요. 달의 바다라고 불리는 곳은 달이 오래전(35억 년 전) 뜨거운 상태였을 때 운석과 충돌하여 깊이 파이면서 갈라진 지각의 틈에서 용암이 흘러나와서 운석구덩이를 메운 현무암질 암석으로 되어 있어 어둡게 보이죠. 현무암이 검정에 가까운 짙은 회색이란 것은 알고 있지요? 이곳은 다른 지형보다 상대적으로 편평해서 아폴로 11호가 착륙하기 좋았을 거예요.

병직 물이 없는데 바다라니 신기해요. 달의 바다가 있으면 달의 육지도 있어요?

제비꼬리샘 현무암질 암석으로 되어 있어서 어두운 달의 바다에 비해 상대적으로 밝게 보이는 부분을 달의 육지라고 부르는데, 이곳엔 운석구덩이가 많아요. 달의 육지에 있는 암석에는 칼슘과 알루미늄이 많이 들어 있어 달의 바다보다 더 밝게 보이는 거예요.

병직 달에도 지구처럼 산이나 산맥이 있어요?

제비꼬리샘 그럼요! 달의 산맥은 지구의 산맥보다 크고 웅장해요. 달에 있는 산맥은 거대한 운석구덩이가 생길 때 주위가 솟아오르거나, 이 운석구덩이 안에 용암이 흘러들 때 잠기지 않고 남은 부분이 산맥을 이루거나, 달의 내부 압력으로 표면이 들뜨거나 겹쳐져 만들어졌을 것이라 생각됩니다. 달의 라이프니츠 산맥에는 지구의 에베레스트보다 높은 산들이 있어요. 달의 남극과 바다의 가장자리 부분의 산은 높이가 8,000m나 되어 히말라야산맥과 맞먹습니다. 달의 지름이 지구 지름의 4분의 1이라는 것을 생각하면 달의 크기에 비해서 산맥이 높다는 것을 알 수 있지요. 달의 대표적인 산맥으로는 아페닌 산맥, 코커스 산맥, 라이프니츠 산맥, 알프스 산맥을 들 수 있어요. 달의 산맥에는 지구의 산맥 이름을 그대로 본떠서 지은 것이 많다는 점도 특이하지요.

서현 달의 풍경을 상상하면 삭막하면서도 멋질 것 같아요.

제비꼬리샘 샘도 달에 한번 가 보고 싶어요. 달의 가장 큰 특징이 여드름처럼 온통 나 있는 운석구덩이에요. 운석구덩이를 크레이터라고 하는데, 운석이 달에 충돌하면서 생긴 것이죠. 운석구덩이는 작은 것부터 지름이 240km에 이르는 거대한 것까지 다양해요. 달에는 지구와 같은 대기층이 없어서 운석이 아무런 저항도 받지 않고 달 표면에 부딪혀서 이런 수많은 운석구덩이를 만들었답니다. 그리고 이 구덩이들은 대기가 없는 달의 특징으로 바람이 불지 않기 때문에(바람은 공기의

|태양| 이동이기 때문에 공기가 없는 달에는 바람이 불지 않아요) 생긴 모양 그대로 변함없이 남아 있답니다.

그냥 눈으로 보기엔 달 표면이 매끄러워 보이는데, 인공위성 사진으로 보니까 운석구덩이 때문에 울퉁불퉁하게 보여요.

제비꼬리샘 달이 울퉁불퉁한 것을 처음 알아낸 사람은 갈릴레오 갈릴레이였어요. 갈릴레이 이전의 사람들은 하늘의 천체가 유리구슬처럼 매끄럽고 완벽하다고 생각했죠. 갈릴레이는 그 당시에 쓰던 망원경보다 스무 배나 더 잘 보이는 망원경을 만들어 달을 관찰한 결과 달 표면이 울퉁불퉁하다는 것을 발견했어요. 그리고 태양이 지구 주위를 도는 것이 아니고 지구가 태양의 주위를 돈다는 것도 알아냈지요. 그 발견으로 인해 종교재판에 회부되어 말년을 집에 갇혀 지내야 했지만 말이죠.

서현 샘, 달에 공기가 없어서 달에 첫발을 디딘 아폴로 11호 우주인의 발자국도 그대로 남아 있는 사진을 본 적이 있어요.

달에 착륙한 아폴로 11호의 우주인   달 표면에 찍힌 아폴로 11호 우주인의 발자국

제비꼬리샘 맞아요, 서현이 말처럼 달에는 공기가 없기 때문에 바람이 없어요. 그래서 운석이 부딪힐 때 생긴 부스러기나 우주인의 발자국도 그대로 있지요. 우주인이 달에 첫발을 디딜 때 풀썩거리는 먼지가 나는 것도 그런 이유예요.

지구와 달, 뭐가 다르지?

제비꼬리샘 지금까지 지구와 지구의 위성인 달에 대해서 알아봤는데, 지구와 달의 비슷한 점과 다른 점을 알아볼까요? 먼저 비슷한 점부터 말해 볼까요?

환규 지구와 달은 둥근 모양이에요.

태양 둘 다 표면에 돌과 흙이 있어요.

제비꼬리샘 그래요. 그럼 다른 점은?

서현 지구에는 공기가 있고, 달에는 공기가 없어요.

환규 지구의 바다에는 물이 있고, 달의 바다에는 물이 없어요. 달에는 물이 없어요.

제비꼬리샘 맞아요. 지구에는 물과 공기가 있고, 달에는 물과 공기가 없어요. 그럼 물과 공기가 생물에게 어떤 영향을 줄까요?

태양 물과 공기가 있는 지구에는 다양한 생물이 살고, 물과 공기가 없는 달에는 생물이 살 수 없어요.

제비꼬리샘 그럼, 지구에서도 다양한 생물이 사는 곳은 어떤 곳이죠?

서현 아마존 밀림이나 아프리카의 초원, 바다, 호수, 숲 같은 곳에 다양한 생물이 살아요.

제비꼬리샘 그럼, 지구에서도 생물이 많이 살지 않는 곳은?

병직 남극, 북극, 사막 같은 곳이에요.

제비꼬리샘 그런 곳에 사는 생물은 어떤 종류가 있지요?

태양 남극엔 펭귄, 바다사자, 북극엔 북극곰, 북극여우, 바다코끼리 등이 살고, 사막엔 낙타, 사막여우, 전갈 등이 살아요.

제비꼬리샘 다양한 생물이 사는 곳과 생물이 많이 살지 않는 곳의 차이점은 뭐지요?

환규 다양한 생물이 사는 곳은 숲이 우거지고 물이 풍부하며, 대기가 따뜻해요. 그리고 생물이 살지 않는 곳은 물이 부족하거나 아주 추운 곳이에요.

제비꼬리샘 그래요. 생물이 살려면 햇빛과 공기, 물, 적당한 온도, 머물 곳이 필요해요. 그리고 식물은 광합성을 통해 스스로 양분을 만들어

낼 수 있지만, 동물은 영양분을 먹어야 살 수 있기 때문에 먹이가 풍부한 곳에서 살기 좋겠지요.

병직 식물이 광합성을 하려면 이산화탄소가 있어야 되고, 동물이 숨을 쉬려면 산소가 있어야 되니까 공기가 꼭 있어야 하죠?

제비꼬리샘 맞아요. 지구에는 달과 달리 산소와 이산화탄소 같은 공기가 있기 때문에 동물과 식물이 살 수 있는 거예요. 또 지구는 대기권이 지구를 이불처럼 덮고 있어서 태양으로부터 온 열을 온실처럼 일정 부분 가두어 두기 때문에 밤이 되어도 기온이 많이 내려가지 않는답니다. 반면에 달은 대기층이 없기 때문에 태양의 열을 가둬 둘 수 없어서 햇빛이 비치는 낮은 아주 뜨겁고(130℃), 햇빛이 없는 밤은 아주 추워요(-160℃). 그래서 달에는 어떤 생물도 살 수 없는 겁니다.

달에서 인간이 살 수 있을까?

제비꼬리샘 1969년 아폴로 11호가 유인 우주선으로 달 착륙에 성공한 이후에 미국뿐 아니라 중국, 일본, 인도에서도 활발한 달 탐사 활동을 벌이고 있어요. 지금 각 나라에서 달을 탐사하는 목적은 달의 자원을 개발하고, 달에 기지를 건설하여 우주 개척의 발판이 될 도시를 건설하려는 거예요. 여러분이 달에 기지를 건설한다면 무엇이 필요할까요?

현준 먹을 거, 먹을 것이 있어야 됩니다!

제비꼬리샘 현준아, 당연히! 초기의 우주 음식은 치약처럼 튜브에 들어

달의 물을 찾는 충돌 실험

2009년 미항공우주국(NASA)은 달 남극의 카베우스 크레이터에 무게 2.2t짜리 로켓 센토를 시속 9,000km의 속도로 충돌시키는 실험을 실시했고, 이에 따라 깊이 18m에서 30m가량의 거대한 웅덩이가 파였습니다. 이 충돌로 발생한 먼지구름과 웅덩이 속에서 카메라와 적외선 추적기를 활용해 각종 데이터를 수집해 지구로 전송한 뒤 2차로 달에 충돌했습니다. 미항공우주국은 달 분화구 탐사선 '엘크로스'의 충돌 실험을 통해 발생한 먼지구름의 성분을 분석한 결과, 이 운석구덩이에는 7~45L의 냉각된 상태의 물이 있을 것으로 추정된다고 발표했어요. 지금까지 알려진 것과 달리 달에 많은 양의 물이 있다는 것은 인류가 달에 우주 개척 전초기지를 세우기에 유리한 조건이 될 수 있습니다. 달의 얼음은 녹여 정화하면 마실 수 있고, 우주 장비의 냉각수로도 이용할 수 있으며, 물 성분을 산소와 수소로 분해하면 우주에서 로켓 연료와 우주인 호흡 문제까지 해결할 수도 있다는 분석도 나오고 있어요. 하지만 인류가 언제쯤 달의 물을 이용할지 현재로서는 예측하기 어렵습니다.

있었다고 해요. 무척 맛도 없었다죠. 하지만 요즈음은 100가지가 넘는 우주 음식이 개발되었다고 합니다.

열리   우주복이 있어야 돼요!

제비꼬리샘   당연하죠! 2013년에 상영된 우주과학 영화 〈그래비티〉에서 보면 허블 우주 망원경을 수리하기 위해 지구로부터 600km 떨어진 우주에서 탐사 활동을 진행하던 스톤 박사가 폭파된

영화 〈그래비티〉에서 스톤 박사가 허블 우주 망원경을 수리하는 장면

인공위성의 깨진 조각들과 부딪치면서 겪는 이야기가 나옵니다. 이 영화에서 우주선에 남은 산소가 두 사람이 나눠 쓸 만큼 충분하지 않다고 판단한 맷 박사가 스톤 박사의 생존을 위해 스스로 우주복과 연결된 줄을 끊고 우주 공간으로 흘러가는 장면이 아주 감동적이었어요. 그리고 스톤 박사가 우주복에 연결된 산소통에 남은 산소가 부족해서 호흡곤란을 겪는 장면도 나오지요. 이처럼 우주복은 매우 춥고 공기가 없는 우주 공간에서 우주인의 생명을 유지하기 위해서 필수적인 장비지요. 아, 그리고 우주복은 통신 장비도 있어서 우주인끼리 이야기를 나누는 장면도 볼 수 있어요.

태양 물과 공기도 있어야 돼요. 달에서 물과 공기를 만들 수 있어야 돼요. 왜냐면 잠깐 머물 것이 아니고 많은 사람들이 오래 머무르며 살아야 하니까 달에서 물과 공기가 해결되어야 해요.

제비꼬리샘 태양이 말처럼 달에서 물과 공기를 만들어 낼 수 있어야 해요.

미항공우주국(NASA)의 달 기지 상상도

과학자들은 최근의 달 탐사선 조사 결과로 달 남극의 깊은 분화구에 많은 양의 물이 얼음 상태로 있을 것이라고 추측하고 있답니다. 만약 달에 얼음이 있다면 그것으로 산소도 만들어 낼 수 있어서 인간이 달에서 생존하기 훨씬 유리하겠지요?

서현 달 탐사 장비도 있어야 돼요. 달의 이곳저곳을 돌아다니면서 자원을 채취하고 조사를 하려면 로봇 팔이 달린 탐사 장비가 필수죠!

제비꼬리샘 그렇죠. 그리고 달에는 무척 두꺼운 먼지가 쌓여 있기 때문에 달의 토양을 제대로 분석하기 위해서 땅 파는 기계도 필요할 거예요.

병직 샘, 그리고 달에서 갑자기 아플 때 약을 사러 가까운 약국에 갈 수 없으니까 구급약도 필요할 것 같아요.

환규   저는 달에 가면 가족과 친구들이 무척 보고 싶을 것 같아요. 그래서 화상 전화도 있어야겠어요. 영화에도 보면 화상 전화로 지구인과 우주인이 이야기를 나누는 장면을 볼 수 있잖아요.

서현   빛도 있어야 돼요. 그래야 일상생활을 할 수 있을 테니까요.

제비꼬리샘   구급약, 화상 전화, 빛이 필요하지요. 너희들 말처럼 약을 구하러 지구에 다녀올 수는 없는 노릇이니까. 그럼 집은 어떤 형태로 지어야 할까요?

태양   일단 달에는 공기가 없으니까 바깥이랑 완전히 차단된 형태의 건물로 지어야 해요. 그리고 달은 낮에는 매우 덥고, 밤에는 무척 추우니까 단열이 아주 잘되는 재질로 지어야 합니다.

제비꼬리샘   오, 태양이가 아주 잘 알고 있구나! 혹시 나중에 샘이 달에 가게 될 일이 생기면 너를 꼭 데리고 가마.

태양   샘, 그럴 일이 제가 살아 있는 동안 있을까요? 그냥 제가 달에 가게 될 일이 생기면 샘을 모시고 갈게요.

제비꼬리샘과 함께하는 과학 상식

우주복의 구조

우주복은 변화무쌍한 우주 환경에서 우주인의 생명을 지켜 주는 아주 중요한 옷입니다. 우주복은 우주선 안에서 입는 '선내 우주복'과 우주선 밖으로 나갈 때 입는 '선외 우주복'으로 나뉩니다. 선외 우주복은 우주정거장 밖에서 우주정거장을 수리하거나 우주선 밖에서 행동할 때 반드시 입어야 하는 우주복이지요. 선외 우주복 안에는 꼭 필요한 장치들이 있는데, 산소가 없는 우주 공간에서 숨을 쉴 수 있도록 해 주는 산소 공급 장치가 그것입니다. 또 우주선 안에서는 적절한 압력이 조절되기 때문에 우주복 없이도 활동할 수 있지만, 공기가 없는 우주에서 기압을 조절해 주지 않으면 몸속의 체액이 끓어 넘쳐서 살 수 없기 때문에 선외 우주복 안에는 기압을 유지해 주는 장치가 달려 있습니다. 그리고 120℃의 고온과 영하 100℃의 저온에서도 살아남도록 해 주는 자동 온도 조절 장치도 달려 있습니다.

> 궁금해요

만약 지구에 달이 없었다면?

만일 달이 없었다면 지구는 금성이나 수성 같은 황무지 행성이 되어 버렸을 것이라고 과학자들은 생각하고 있답니다. 45억 년 전 지구와 거의 같은 태양의 궤도를 돌고 있었던 행성 '테이아'. 화성 크기였다는 테이아는 지구와의 중력으로 서로 조금씩 가까워졌고 끝내 충돌했다고 해요. 그 충격 파편들의 일부는 우주 속으로 날아가 버렸지만, 덩치가 큰 덩어리는 지구 중력에 잡혀 지구의 위성인 달이 되었다는 것이지요.

가상의 행성인 '테이아'와의 충돌에 의해 지구는 덩치가 더욱 커졌고 그 커진 덩치 덕에 중력도 함께 커져 지구는 생명체에 꼭 필요한 산소 등 대기를 붙잡아 둘 수 있었을 뿐 아니라, 지구 내부의 금속 내핵과 펄펄 끓는 뜨거운 액체 상태의 외핵과 맨틀을 그대로 유지할 수 있었답니다.

만일 테이아와의 충돌이 없어서 지구가 지금보다 작은 크기였더라면 작은 크기 때문에 지구 속의 핵과 맨틀이 진작 굳어져 버려 태양의 엄청

45억 년 전 지구와 테이아의 충돌을 가상한 모습

달의 앞면   달의 뒷면

난 방사성 태양풍을 막아 주는 지구자기장이 생길 수 없었을 테니 당연히 지구엔 생물체가 살 수 없었겠죠. 참고로 지구자기장은 뜨거운 액체 상태인 외핵과 맨틀의 유동성으로 생기는 것이랍니다.

또 달이 지구 주변을 돌기 때문에 바닷물이 달의 중력에 의해 달 방향으로 쏠리면서 밀물과 썰물이 생겨 바닷물이 역동적으로 움직일 수 있었고, 이 때문에 바닷가에는 수많은 생명체들이 살 수 있었다고도 합니다.

또 달이 지구를 돌기 때문에 지구는 안정된 자전 각도를 유지할 수 있었다고 해요. 만일 달이 없어서 태양을 돌고 있는 지구의 자전 각도가 지금보다 조금이라도 더 틀어져 버렸다면 지표면과 태양의 각도 변화 때문에 엄청난 기후변화가 생겨 지구가 꽁꽁 얼어 버렸거나 수성처럼 엄청 뜨겁게 달구어졌을 거라고 해요.

그 결과 수억 년의 긴 시간 동안 안정된 기후 속에서 진화를 거듭한 현재와 같은 지구의 모든 생명체들은 오래 전에 멸종되었거나 박테리아 정도의 상태에서 머물렀을 것이라고 해요. 당연히 고등 생물인 인간은 존재할 수도 없었겠지요. 참 고마운 달이에요!

2장. 동물, 탄생에서 죽음까지

1. 배추흰나비의 한살이
2. 동물의 한살이는 어떠할까?

1 배추흰나비의 한살이

우리 지구에는 약 1천만 종이 넘는 생물들이 살고 있다고 합니다. 그중 동물이 약 150만 종, 식물이 약 50만 종, 그리고 전체의 약 50% 이상은 미생물일 것이라고 해요. 또 동물 중 약 70%는 곤충이라고 합니다. 네, 그럼 우리 배추흰나비의 한살이를 통해 곤충들은 어떻게 태어나고 죽는지 살짝 그 일생을 들여다볼까요?

'한살이'가 뭐야?

제비꼬리샘 동물 이름으로 빙고 놀이를 해 볼까? 모둠별로 장소를 정해서 가장 오래 틀리지 않고 이어 부르는 모둠에게 오늘 건빵 한 봉지 쏜다! 1모둠부터 시~작!

"연못에 가면 개구리도 있고, 소금쟁이도 있고, 잠자리도 있고, 물방개도 있고, 붕어도 있고……."

"숲속에 가면 개미도 있고, 딱따구리도 있고, 거미도 있고, 다람쥐도 있고, 나비도 있고, 아……."

"갯벌에 가면 조개도 있고, 망둑어도 있고, 낙지도 있고, 지렁이도 있고, 참게도 있고, 주꾸미도 있고오~."

"마당에 가면 송아지도 있고, 강아지도 있고, 고양이도 있고, 병아리도 있고, 나비도 있고, 개미도 있고, 지렁이도 있고!"

제비꼬리샘 4모둠 1등! 그런데 너희들 아는 동물이 정말 몇 안 되는구나! 지구에는 참 여러 종류의 동물들이 있는데 말이에요. 이번에 우리가 공부할 주제는 동물의 한살이인데, 동물의 한살이란 뜻이 뭔지 아는 사람?

환규 태어나서 새끼를 낳고 죽을 때까지를 한살이라고 합니다.

제비꼬리샘 네, <u>동물의 한살이는 동물이 태어나고 자라서 새끼를 낳고 죽을 때까지의 과정</u>을 말하는 거예요. 그런데 곤충의 경우는 알에서 시작하여 성충이 되기까지의 과정을 한살이로 보기도 해요. 여러분은 아직 한살이를 마치려면 멀었네요. 나비로 비유하면 겨우 알에서 갓 나온 애벌레라고나 할까?

병직 선생님은 나비로 비유하면 성충?

제비꼬리샘 그렇죠. 아이도 낳았으니 성충이라 할 수 있죠. 사람은 아이를 낳고도 몇 십 년을 더 살아가지만, 곤충은 알을 낳고 바로 죽는 것이 많아요. 곤충의 수명이 짧기 때문에 자손을 만들려는 본능이 더욱 강하다는 생각이 들어요. 그럼, 한살이가 짧은 곤충 중에서 봄철에 흔하게 볼 수 있는 배추흰나비를 알부터 성충까지 키우며 관찰해 봅시다.

열리 그럼, 알을 먼저 구해야 하잖아요? 배추흰나비의 알은 어떻게 구해요? 문방구에 부탁하나요?

제비꼬리샘 그 방법이 가장 쉽긴 하지만, 이왕이면 배춧잎에서 직접 구해 보도록 해요. 배추흰나비를 기르면서 알의 변화와 애벌레가 나오는 모습, 애벌레의 생김과 행동, 자라면서 변하는 모습을 관찰합니다. 그리고 애벌레가 허물을 벗으며 자라는 모습, 애벌레가 번데기로 변하는 모습, 번데기의 생김새와 변하는 모습을 관찰합니다. 마지막으로 번데기에서 나비가 되어 나오는 모습, 성충의 모습, 나비가 나는 모습 등을 관찰하도록 합시다.

배추흰나비가 알에서 성충이 되기까지

배추흰나비 알 채집 방법

배추흰나비는 배추, 무, 케일, 양배추 등 십자화과 식물의 잎 뒷면에 알을 낳는다. 배추, 무, 케일, 양배추 등의 밭에서 배추흰나비가 앉았다가 날아간 자리를 자세히 살펴보면 알을 찾을 수 있다.

알을 채집할 때에는 알이 붙어 있는 잎을 함께 채집하고, 잎이 마르지 않도록 잎자루를 젖은 솜이나 거즈로 싼 다음 은박지로 다시 싸 준다. 채집한 알은 냉장고 야채실에 넣어 보관한다.

배추흰나비 사육 상자 만들기

사육 상자로 알맞은 투명한 플라스틱 그릇의 바닥에 화장지를 깐다. 배추흰나비 알이나 애벌레가 붙어 있는 배추, 무, 양배추, 케일 등이 심어진 화분을 상자 안에 넣는다. 그리고 배추흰나비 애벌레의 몸속에 알을 낳아 번식하는 기생벌로부터 보호하고, 배추흰나비 성충이 날아가지 않도록 방충망을 윗부분에 씌워 준다. 사육 상자가 만들어진 다음에는 화분의 식물이 마르지 않도록 분무기로 자주 물을 뿌려 준다.

사육 상자 만들기

알

연한 연두색을 띤다. 낳은 지 며칠이 지난 알은 짙은 노란색으로 변한다. 크기가 1mm 정도인 매우 작고 긴 타원 모양으로, 줄무늬가 있어 작은 옥수수처럼 보인다.

잎 뒷면에 붙어 있는 배추흰나비의 알

확대해 본 배추흰나비 알의 모습

애벌레

애벌레가 알을 뚫고 나오는 시간은 10분 정도 걸린다. 이때 알을 움직이거나 만지지 않도록 한다. 갓 나온 애벌레는 자기가 나온 알의 껍데기를 갉아먹으며 부족한 영양분을 보충한다. 알껍데기를 모두 먹는 데에는 두 시간쯤 걸린다. 갓 나온 애벌레는 노란색을 띠고, 잎을 먹기 시작하면 점차 먹이의 색깔과 같은 색깔을 띠게 된다. 긴 원통 모양으로 생겼으며, 고리 모양의 마디가 있다. 몸에 부드러운 털이 빽빽하게 나 있다. 몸은 머리, 가슴, 배의 세 부분으로 구분할 수 있으며, 가슴에는 세 쌍의 다리가 있다. 배에는 빨판처럼 생긴 네 쌍의 배발과 한 쌍의 꼬리발이 있고, 아홉 쌍의 숨구멍이 있다. 잠잘 때는 천적의 눈에 잘 띄지 않도록 잎맥과 나란하게 붙어서 잔다. 알에서 부화한 애벌레는 2주 동안 먹이를 먹고 자라는데, 자라는 기간은 온도에 따라 조금씩 차이가 난다(온도가 높을수록 더 빨리 자란다).

애벌레의 몸은 단단한 껍질로 싸여 있기 때문에 몸집을 키우기 위해 4차례 허물벗기를 한다. 애벌레가 움직이지 않고 가만히 있을 때는 허물을 벗을 준비를 하고 있는 것이다. 애벌레 상태로 2주 정도가 지나면 먹

잎맥과 나란히 붙어 자는 배추흰나비 애벌레

잎을 먹는 애벌레

는 것을 중단하고 몸의 색깔이 맑아지며, 번데기로 변하기 위해 안전한 곳을 찾는다.

배추흰나비의 알과 애벌레의 차이점
· 알은 길쭉한 옥수수 모양이고, 애벌레는 털이 있고 긴 원통 모양이다.
· 알은 노란색이고, 애벌레는 초록색이다.
· 알은 1mm 정도로 작으며 자라지 않고, 애벌레는 4번의 허물을 벗으며 점점 자란다.
· 알은 움직이지 않으며, 애벌레는 기어서 움직인다.

번데기

처음에는 초록색이지만, 시간이 지나면 연한 갈색으로 변한다. 시간이 더 지나면 표면이 투명하게 변해 번데기 속의 나비 날개와 눈이 보이게 된다. 배추흰나비 번데기는 길이가 25mm 정도이며, 크기는 변하지 않는다. 머리, 가슴, 배의 구분은 되지만, 뚜렷하지 않다. 표면이 단단하다.

배추흰나비 번데기

성충이 된 배추흰나비

배추흰나비 애벌레가 번데기로 변하는 과정

번데기로 변하기에 안전한 곳을 찾는다. → 입에서 실을 내어 몸을 묶고, 나무나 돌 등에 단단히 고정시킨다. → 약 12시간이 지나면 허물을 벗고 번데기로 변한다.

배추흰나비 애벌레와 번데기의 차이점
- 애벌레는 몸의 표면이 부드럽고 털로 덮여 있지만, 번데기는 딱딱하다.
- 애벌레는 초록색이지만, 번데기는 초록색, 갈색 등 주변의 색과 비슷하다(보호색).
- 애벌레는 먹이를 먹고 똥을 누지만, 번데기는 먹이도 먹지 않고 똥도 누지 않는다.
- 애벌레는 허물을 벗으며 30mm까지 자라지만, 번데기는 25㎜ 정도이며 더 자라지 않는다.
- 애벌레는 움직이지만, 번데기는 몸을 실로 묶어 고정시킨 후 움직이지 않는다.

성충

몸이 머리, 가슴, 배 세 부분으로 구분된다. 날개는 비늘로 덮여 있고, 몸에는 털이 있다. 머리에는 한 쌍의 더듬이, 한 쌍의 겹눈, 대롱 모양으로 생긴 한 개의 입이 있다. 가슴에는 한 쌍의 앞날개와 한 쌍의 뒷날개, 세 쌍의 다리가 있다. 배는 마디로 되어 있다.

애벌레가 번데기가 되고 나서 일주일 정도 지나면, 번데기의 등이 갈라지면서 나비가 나온다. 갓 나온 배추흰나비는 날개가 젖어 있으므로 날지 못한다. 이때 날개를 건드리면 날개가 구겨진 상태가 되어 날 수 없게 되므로 주의해야 한다. 날개를 펴고 말린 뒤에는 하늘을 날아다니며 꽃의 꿀을 빨아먹는다. 배추흰나비 암컷과 수컷이 만나 짝짓기를 하고 나면, 암컷이 배추나 무, 케일 등의 잎에 알을 낳는다.

배추흰나비의 짝짓기

곤충의 한살이는 두 종류야

제비꼬리샘 한살이에서 <u>완전탈바꿈</u>(한살이에서 번데기 단계를 거치는 것)을 하는 곤충도 있고, <u>불완전탈바꿈</u>(한살이에서 번데기 단계를 거치지 않는 것)을 하는 곤충도 있어요. 완전탈바꿈을 하는 곤충이 무엇인지 말해 볼 사람?

현준 배추흰나비요!

제비꼬리샘 여러분이 모두 한살이를 관찰했기 때문에 배추흰나비가 완전탈바꿈을 하는 건 잘 알지요? 배추흰나비 말고도 장수풍뎅이, 파리, 모기, 사슴벌레, 무당벌레도 완전탈바꿈을 한답니다. 이렇게 완전탈바꿈을 하는 곤충의 애벌레를 <u>유충</u>이라고 합니다.

태양 예전에 재래식 공중화장실에서 파리 구더기를 본 적이 있어요. 그게 파리의 유충이었네요? 윽!

제비꼬리샘 맞아요. 예전엔 재래식 화장실이 많아서 심심찮게 파리의 유충을 볼 수 있었죠. 그럼 불완전탈바꿈을 하는 곤충은 무엇이

장수풍뎅이 알   장수풍뎅이 애벌레

장수풍뎅이 번데기   장수풍뎅이 성충

있을까요?

서현   사마귀와 잠자리가 있어요!

제비꼬리샘   맞아요. 사마귀와 잠자리는 번데기 단계를 거치지 않고 알, 애벌레, 성충으로 탈바꿈한답니다. 사마귀와 잠자리의 애벌레는 약충이라고 불러요. 번데기 단계를 거치지 않는 곤충의 애벌레는 성충의 모습과 비슷하답니다. 그 밖에도 메뚜기, 노린재, 바퀴벌레, 흰개미, 하루살이, 집게벌레 등이 불완전탈바꿈을 하지요.

열리   샘, 잠자리의 애벌레는 심지어 물속에서 자라요! 이름도 수채라고 부르고요.

잠자리의 애벌레(수채)　　　　　　잠자리의 성충

제비꼬리샘　그래요. 잠자리는 알을 물속에 낳아요. 알이 부화하면 수채라는 애벌레가 되는데, 물속에서 물벼룩, 장구벌레 등을 잡아먹으며 아가미로 숨을 쉬어요. 수채가 잠자리로 탈바꿈할 때 물 밖의 잎에 붙어서 이른 새벽에 탈바꿈을 한 뒤 햇빛에 날개를 말리고 잠자리로 날아오른답니다. 잠자리가 날아오른 자리에는 잠자리가 벗은 허물을 볼 수 있지요.

병직　꽃매미도 불완전탈바꿈을 해요. 샘께서 지난번에 꽃매미가 중국에서 건너왔고, 나무의 수액을 빨아 먹어서 해충이라고 말씀하신 적이 있잖아요? 꽃매미 약충은 꼭 외계 생물처럼 생겼어요.

제비꼬리샘　꽃매미가 너무 많아서 걱정이에요. 요즘 온통 나무마다 지천으로 붙어 있어요. 이렇게 꽃매미가 많이 번식하는 건 겨울이 너무 따뜻해서 알이 죽지 않고 고스란히 부화했기 때문이에요. 여러분들이 꽃매미 퇴치단을 만들었다는 얘기를 들었는데, 그래선지 심심찮게 학교 여기저기서 죽은 꽃매미가 보이는군요.

2. 동물의 한살이는 어떠할까?

동물이 뭘까요? 스스로의 힘으로 움직일 수 있으며 감각기관을 갖고 있고 엽록소와 세포벽이 없는 생물을 동물이라고 합니다. 개, 고양이, 개구리뿐만 아니라 배추흰나비 등의 곤충들도 다 동물이지요. 이제 좀 더 큰 다른 동물들의 한살이도 살펴보도록 하죠.

제비꼬리샘 동물이 한살이를 하려면 새끼를 낳아야 하는데, 새끼를 낳으려면 짝짓기를 해야 해요. 그런데 동물 중에는 짝짓기를 하여 암컷이 낳은 알이나 새끼를 수컷이 돌보는 경우도 있어요. 가시고기, 꺽지, 물자라, 물장군 등이 그런 경우지요. 젖을 먹여 길러야 하는 포유동물의 경우에는 주로 암컷이 새끼를 돌봅니다. 곰, 소, 산양, 바다코끼리 등이 그런 경우지요. 포유동물의 경우에 어미를 잃은 젖먹이 새끼는 잘 자라기가

힘들어요.

서현 샘, 심청이도 젖먹이 때 엄마를 잃고 심봉사가 젖동냥을 해서 키웠잖아요.

제비꼬리샘 맞아요. 사람도 포유동물이니까. 똑똑하네, 서현이! 그럼, 암수가 함께 새끼를 돌보는 경우는?

병직 둥지에 알을 낳는 새들은 암수가 번갈아서 모이를 물고 와서 새끼들을 돌보던데요? 암컷이 알을 품을 때는 수컷이 모이를 물고 와서 먹여 주고요.

제비꼬리샘 네, 맞아요. 제비, 꾀꼬리, 황제펭귄, 두루미 등이 암수가 함께 알이나 새끼를 돌본답니다. 특히 황제펭귄은 암컷이 알을 낳고 먹이를 구하러 떠난 뒤 4개월 남짓 동안 수컷 펭귄이 배에 알을 품고 정성껏 돌봅니다. 새끼가 알을 깨고 나오면 수컷이 위 속에 있던 음식물을 토해서 새끼에게 먹이기도 하지요.

환규 그런데 바다거북은 해변으로 올라와 땅을 파서 알을 낳고 바로 떠난다면서요? 그 알 중에 3%만 살아남아서 바다로 간대요.

제비꼬리샘 그래요, 바다거북과 자라, 노린재, 개구리 등은 적당한 장소에 알을 낳은 뒤 돌보지 않고 바로 떠난답니다. 그래도 워낙 많은 알을 낳기 때문에 생존율이 낮아도 번식하는 데는 큰 문제가 없어요. 바다거북은 한 번에 80~100개의 알을 낳으니까요.

우리 끼끼가 이만큼 자랐어! - 새끼를 낳는 동물의 한살이

제비꼬리샘 몇 달 전에 샘 집에 어린 새끼 고양이 한 마리가 왔어요. 누가

새끼 고양이 끼끼　　　　　　6개월 된 끼끼

　　　　버리고 간 새끼 고양이를 딸이 데리고 왔는데, 겨우 눈을 뜬 지
　　　　얼마 안 된 새끼여서 어미젖을 못 먹는 대신에 젖병에 고양이
　　　　분유를 타서 먹여 키웠어요. 원숭이를 닮았다고 이름을 '끼끼'
　　　　라고 붙였어요. 6개월이 지난 지금은 큰 고양이 세미만큼
　　　　자랐답니다.

현준　　저도 집에서 기르는 개가 짝짓기하고 두 달이 지나서 새끼를
　　　　낳았는데, 처음엔 눈을 못 떴어요.

제비꼬리샘　강아지는 태어날 때 태반이라는 주머니에 싸여서 나오는데,
　　　　어미 개는 태반을 핥아서 새끼의 몸을 말려 준답니다. 갓 태어난
　　　　강아지는 눈도 감겨 있고 귀도 막혀 있어서 보거나 소리를 들을
　　　　수 없고, 일어날 수도 없어요. 이빨도 없어서 먹이를 씹을 수
　　　　없지만, 냄새는 잘 맡아서 젖 냄새가 나는 어미 곁에 머무르며
　　　　어미젖을 먹으며 자라지요. 2주가 지나면 눈을 떠서 볼 수 있고,
　　　　걸을 수도 있게 되죠. 그리고 3주가 되면 귀가 열려 소리도 들을

수 있게 되고, 젖니가 나오기 시작해요. 6~8주가 지나면 젖니가 다 나오고 젖을 떼서 먹이를 씹어 먹기 시작합니다. 9~12개월이 되면 다 자란 개가 되며, 짝짓기를 하고 새끼를 낳을 수 있답니다.

태양 사람은 12개월에 돌잔치를 하고 겨우 걷기 시작하는데, 개는 성장이 엄청나게 빨라요!

제비꼬리샘 그렇죠? 사람은 스무 살쯤 되어야 부모 품에서 독립하잖아요. 그럼, 개처럼 새끼를 낳는 동물은 무엇인지 말해 볼 사람?

열리 고양이, 소, 햄스터, 토끼, 코끼리, 기린, 호랑이, 사자, 표범, 고래, 박쥐 등이 있어요.

제비꼬리샘 열리가 잘 알고 있네요. 고래는 물속에 살지만 새끼를 낳고 젖을 먹여 기르는 특이한 동물이지요. 그럼, 새끼를 낳는 동물의 한살이에서 볼 수 있는 공통점은 무엇일까요?

환규 음, 일단 새끼가 어미와 생김새가 비슷하고, 젖을 먹고 자라며, 몸이 털과 가죽으로 덮여 있어요. 그리고 다 자랄 때까지 어미가 보살펴 주어야 해요.

제비꼬리샘과 함께하는 과학 상식

젖을 먹이는 동물은 모두 새끼로 태어날까요?

결론은 아닙니다. 오리너구리나 바늘두더지는 새끼 대신 알을 낳으며, 젖꼭지가 없어서 새끼는 어미의 피부에서 나오는 젖을 먹고 자랍니다.

오골계가 알을 낳았어! — 땅에 알을 낳는 동물의 한살이

제비꼬리샘 샘이 시골에 살 때 마당에서 오골계(살, 가죽, 뼈가 모두 까마귀처럼 검은 닭)와 토종닭도 길렀어요. 어느 봄날 오골계가 갑자기 병아리 다섯 마리를 한 줄로 세워서 '짠!' 하고 나타난 거예요. 나 몰래 어디엔가 알을 낳고 부화를 시켰던 거지요. 정말 신기했어요.

병직 와, 저는 병아리 기르기가 정말 쉽지 않던데요. 학교 앞에서 사 온 병아리가 하루 이틀도 안 지나 죽어서 많이 속상했어요. 딱 한 번 클 때까지 길러 본 적이 있는데, 쑥쑥 자라서 수탉이 되어 마당 있는 시골 할머니 댁에 갖다 드렸어요.

태양 저는 잉꼬를 길렀는데, 일 년에 몇 번씩 알을 낳았어요. 알을 낳으면 암컷이 꼼짝도 안하고 부화할 때까지 알을 품어요. 그러면 수컷이 모이를 물어다 먹이곤 했어요. 그런데 가끔 아무리 품어도 부화되지 않는 알도 있었어요.

제비꼬리샘 그런 것을 무정란이라고 해요. 무정란은 암수가 짝짓기를 해서 만든 알이 아니기 때문에 품어도 부화되지 않는답니다. 무정란과 달리 암수가 짝짓기를 해서 만든 알을 유정란이라고 해요. 병아리는 사람보다 체온이 높기 때문에 집에서 기를 때에는 사육장에 백열등을 켜서 어미 닭이 품어 주는 것처럼 따뜻하게 해 주어야 해요.

제비꼬리샘 병아리와 닭의 같은 점은?

태양 다리와 날개가 두 개이고, 입이 부리로 되어 있어요.

닭의 한살이

알(단단한 껍데기에 싸여 있음) → 부화(어미 닭이 품은 지 약 21일이 지나면 병아리는 부리로 껍데기를 깨고 나옴) → 병아리(갓 부화한 병아리는 솜털로 덮여 있음) → 어린 닭(30일, 솜털이 깃털로 바뀜) → 다 자란 닭(6개월, 수탉은 볏과 꽁지깃이 길고 화려하며, 암탉은 알을 낳음)

제비꼬리샘 병아리와 다 자란 닭의 다른 점은?

병직 병아리는 암수 구별이 힘들어요. 그리고 몸이 솜털로 덮여 있고, 볏이 작아요. 울 때도 '삐악삐악' 이런 소리가 나요.

서현 다 자란 닭은 척 보면 암컷인지 수컷인지 알 수 있어요. 몸은 깃털로 덮여 있고, 볏이 뚜렷해요. 울 때 '꼬끼오' 하고 힘차게 울어요.

제비꼬리샘 잘 알고 있네요. 병아리는 암수 구별이 힘들어서 병아리 감별사란 직업도 있답니다. 그럼, 닭처럼 땅에 알을 낳는 동물의 종류는 무엇이 있을까요?

환규 비둘기, 참새, 십자매, 앵무새, 오리, 타조, 거북, 나비, 파리, 사마귀, 노린재, 뱀, 악어, 도마뱀 등이 있어요.

제비꼬리샘 네. 여러분이 발표한 것을 들으니 새, 뱀이나 도마뱀, 곤충들이 대부분 땅에 알을 낳는다는 것을 알 수 있어요.

개구리가 알을 낳았어! – 물에 알을 낳는 동물의 한살이

"개울가에 올챙이 한 마리, 꼬물꼬물 헤엄치다, 뒷다리가 쑤욱, 앞다리가 쑤욱, 팔딱팔딱 개구리 됐네."

올챙이 송을 다 같이 부르며 수업을 시작합니다.

제비꼬리샘 개구리 알을 본 적 있어요?

태양 할머니 논에서 본 적이 있어요. 투명한 막 같은 것으로 싸여 있어서 미끄러웠어요. 그리고 알 여러 개가 뭉쳐서 덩어리를 이루고 있었어요.

제비꼬리샘 자세히 관찰했군요. 개구리 알은 태양이가 말한 것처럼 투명한 우무질에 싸여 있어요. 암수가 짝짓기를 한 뒤에 물속에 알을 낳지요. 개구리는 연못이나 논, 저수지처럼 물이 거의 흐르지 않는 곳에 알을 낳는답니다. 참개구리는 한 번에 알을 1,000개 정도 낳는다고 해요. 도롱뇽, 두꺼비, 맹꽁이처럼 개구리와 비슷한 동물들은 어린 시절을 물속에서 지내고, 자라서는 물과 땅을 오가며 살아가지요. 연어, 붕어, 고등어, 송사리 등 대부분의 물고기들은 물속에서 알을 낳고, 평생 물속에서 살아간답니다.

개구리의 한살이
알은 투명한 우무질에 싸여 있다. → 알에서 올챙이가 나온다. → 뒷다리가 나온다. → 앞다리가 나온다. → 꼬리가 짧아지고 허파로 숨을 쉬게 된다. → 꼬리가 없어지고, 어린 개구리가 된다. → 물과 땅을 오가며 먹이를 잡아먹고 산다. → 다 자란 개구리는 암수가 짝짓기를 하고 물속에 알을 낳는다.

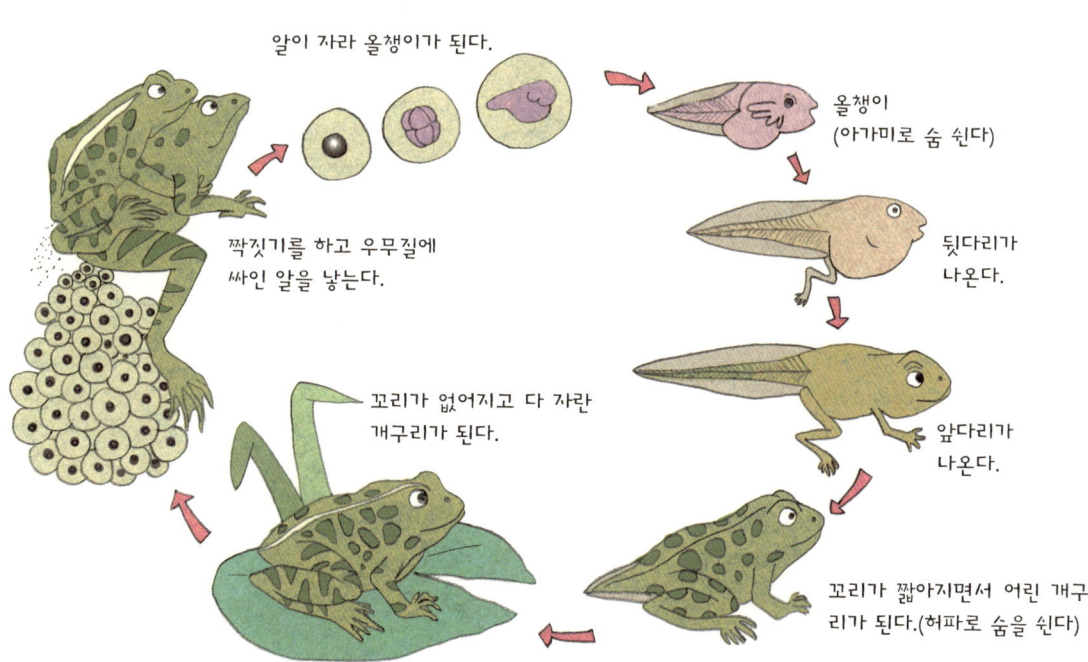

궁금해요

동물은 짝짓기를 어떻게 할까요?

　짝짓기는 교미 또는 성교, 수정이라고도 하며, 동물이 새끼나 알을 낳아 자손을 번식하기 위하여 암컷과 수컷이 서로의 유전자를 결합하는 행위를 말합니다. 만일 이 세상에 짝짓기가 없었다면 사람은 물론이고 개나 고양이, 지구상의 그 어떤 생물들도 지금처럼 존재할 수 없었을 거예요. 이 세상 대부분의 동물들은 성체가 되면 자손 번식을 위해 짝짓기를 합니다.

　짝짓기는 크게 '체외수정'과 '체내수정'으로 나눌 수 있습니다. 체외수정은 물고기처럼 암컷 물고기가 알(난자)을 낳고 그 알에 수컷 물고기가 자신의 유전자가 담긴 정액(정자)을 뿌려 알이 부화될 수 있도록 하는 행위이며, 암수의 몸이 서로 결합하지 않고 몸 밖에서 수정이 이루어지기에 체외수정이라고 부른답니다. 체내수정은 수컷의 정자와 암컷의 난자가 암컷의 몸속에서 수정되는 것으로, 몸 안에서 수정이 이루어진다고 해서 체내수정이라고 부른답니다.

　하지만 아주 특이하게 짝짓기를 하는 동물도 있습니다. 특히 바닷속 깊이 1km가 넘는 깊고 캄캄한 곳에 사는 '심해아귀'라는 물고기는 암컷의 몸을 수컷이 깨물어 상처를 낸 후 암컷의 피를 빨아 먹다가, 상처가 아물면서 수컷의 몸이 암컷과 그 상처 자리에 붙어 버려 죽을 때까지 한 몸이 되어 삽니다. 수컷은 모든 영양분을 핏줄을 통해 암컷에게 받기 때문에 숨을 쉬고 암컷이 산란할 때 정액을 뿌리는 것 외에는 할 일이 없다고 합니다. 다행히 암컷에 비해 수컷의 크기가 10분의 1 정도 크기밖에 되지 않기 때문에 몸에 붙어 버린 수컷 때문에 암컷이 낑낑대는 일은 없다고 하네요. 또한 암컷의 몸에는 여러 마리의 수컷이 붙어 있다고 해요.

　벌이나 새우, 전갈처럼 수컷 없이 암컷 혼자서 번식을 하는 동물도 많답니다. 이처럼 암컷 혼자 번식하는 것을 '단성생식' 혹은 '처녀생식'이라고 불러요. 더욱 신기한 것은 아예 암컷만 존재하는 동물도 있습니다. 남아메리카 아마존에 사는 '아마존 몰리'라는 물고기는 수컷이 없습니다. 이 물고기 역시 단성생식을 하는데, 새끼도 암컷만 낳습니다. 아마존 몰리의 세상은 암컷들만의 세상인 것이지요. 예전에 〈아마조네스〉라는 영화가 있었는데, 아마존 숲속에서 여자들만 사는 부족의 이야기로 아마도 시나리오 작가가 아마존 몰리의 삶에서 힌트를 얻지 않았나 생각되네요.

몸집이 작은 심해아귀의 수컷(아래쪽 두 마리)은 암컷을 만나면 한데 붙어 핏줄까지 공유하며 한 몸으로 살아간다.

암컷만 낳는 물고기 아마존 몰리

3장. 동물, 이렇게 살아요

1. 우리 주변에는 어떤 동물이 살까?
2. 사는 곳에 따라 살아가는 모습도 달라!
3. 멸종 위기에 처한 동물
4. 동물에게서 배우다

1 우리 주변에는 어떤 동물이 살까?

나비나 벌 같은 곤충 덕분에 나무는 꽃을 피우고 열매를 맺을 수 있듯이 이 세상 많은 동물들은 그 어느 것도 허투루 존재하지 않는답니다. 모든 생물들은 서로 돕고 의지하며 더불어 살고 있는 것이지요. 우리 주변에 얼마나 많은 우리 이웃이 살고 있는지 알아볼까요?

학교 주변의 동물들

하늘 높이 하얀 구름이 둥실 흘러가는 맑은 날입니다. 쉬는 시간, 현준이가 비닐봉지를 들고 열심히 화단 주위를 돌아다니고 있어요. 현준이는 곤충을 무척 좋아해서 늘 저렇게 무언가를 잡아서 비닐봉지에 넣어 교실에 갖고 들어온답니다. 어떤 날은 나방이, 어떤 날은 개미가, 어떤 날은 몸을 동그랗게 만 공벌레가 들어 있기도 해요. 여자아이들은 기겁을 하지만, 현준이에게는 그것이 보물단지랍니다.

현준이를 따라서 주변의 동물들을 찾으러 가 볼까요? 느티나무와 벚나무, 박태기나무 가지 위에서 시끄럽게 울어대는 수다쟁이 직박구리, 짹짹거리며 몰려다니는 참새 무리들, 동네 전봇대 위에 새까맣게 앉아 있는 까마귀 떼, '까까까깟' 울어대는 배가 하얀 까치, 자전거가 지나가도 잘 비키지 않는 살찐 비둘기까지, 새들도 참 많네요.

화단의 백일홍 꽃 위에는 꽃등에가 꽃향기에 취해서 정신없이 꿀을 빨고 있어요. 나비도 팔랑팔랑 날아다니고요. 아침부터 거미는 부지런히 두꺼운 용설란 잎 사이로 거미줄을 치고 있네요. 거름기가 많은 화단 흙 속에서는 지렁이가 구멍을 만들며 흙을 먹고 있군요. 느티나무 아래에는 개미들이 굴을 따라 줄지어 움직이고 있어요. 앗, 밟지 않도록 조심해요! 계단 밑 그늘진 곳에는 공벌레들이 몸을 둥글게 말고 있어요.

학교 운동장 한쪽 구석의 연못에는 소금쟁이가 사뿐히 떠 있어요. 연못 속에는 알록달록한 금붕어가 헤엄치고, 연못 위의 바위에는 참개구리 한 마리가 아까부터 주변을 윙윙 맴도는 파리를 노리며 앉아 있어요.

교과서에 나오는 동물들

① 개미(일본왕개미) : 여왕개미, 일개미와 수개미가 함께 무리 지어 산다. 검은색이고, 몸이 머리, 가슴, 배로 나뉘며, 다리가 여섯 개다.

② 나비(호랑나비) : 알-애벌레-번데기-성충의 단계를 거치는 완전탈바꿈 곤충이다. 긴 대롱 모양의 입을 뻗어 꿀을 빨아먹는다.

달팽이 긴호랑거미

공벌레 소금쟁이

③ 개구리(참개구리) : 올챙이 때는 물속에서 생활하고, 개구리가 되면 땅과 물 양쪽에서 생활한다. 올챙이 때는 아가미로 호흡하고, 개구리가 되면 허파와 피부로 호흡을 한다.

④ 달팽이 : 딱딱한 껍데기로 몸을 감싸고, 움직일 때는 미끈거리는 점액을 분비하며 그 위를 기어간다.

⑤ 까치 : 쉽게 볼 수 있는 텃새 종류로 깃털이 검은색과 흰색으로 되어 있고 꼬리가 길다. 높은 나무 위에 마른 나뭇가지로 둥지를 튼다.

⑥ 거미(긴호랑거미) : 몸은 머리가슴과 배로 나뉘고, 다리가 여덟 개다. 배에 노란색과 검은색의 가로 줄무늬가 있다. 거미줄의 중앙에 거꾸로 매달려 있다.

⑦ 공벌레 : 몸이 여러 개의 마디로 되어 있고, 다리가 일곱 쌍이다. 쥐며느리와 다른 것은 위험을 느끼면 몸을 공처럼 둥글게 마는 점이다.

⑧ 소금쟁이 : 주로 수면 위에서 생활하며, 다리 끝부분에 많은 잔털들이 나 있는데 이 털에 기름기가 있어 물에 뜰 수 있다. 주로 물고기 시체나 곤충의 체액을 먹고 살며, 작은 곤충이 물에 빠졌을 땐 수면의 물결을 통해 위치를 알아내 사냥한다.

동물을 어떻게 분류할까?

제 이름은 세린이 동생이라고 세미라고 지었어요. 저는 길냥이었는데, 2개월쯤 되었을 때 동물병원에서 이 집으로 오게 되었어요. 제비꼬리샘이 집으로 가는 계단을 오르는 소리가 들려요. 저는 창문에서 방충망 너머로 벌써 보고 있었지요. 문을 열면 잠깐 바깥 공기를 맡고 싶어서 다리 사이로 잽싸게 빠져 나간답니다. 그래 봤자 현관 앞에서 몸을 바닥에 두어 번 굴리다 다시 붙들려 오지만 말이에요. 저는 긴 꼬리와 네 개의 다리로 높은 곳에서도 몸을 회전하면서 사뿐히 뛰어내릴 수 있어요. 그래서 냉장고 위, 창턱, 책장 위는 제 놀이터지요. 제 온몸은 털로 덮여 있어서 깔고 앉은 방석은 제비꼬리샘이 늘 따라다니며 테이프로 청소를 하신답니다.

고양이 세미의 특징 : 다리가 (4)개, 온몸이 (털)로 덮여 있다. 꼬리가 있다. (새끼)를 낳아 (젖)을 먹여 기른다.

제 이름은 단디, 사랑앵무예요. 어미가 낳은 네 개의 알 중에서 세 개는 이사하던 중 알들은 깨지고 유일하게 저 혼자 깨지지 않고 살아남아서 부화했어요. 제비꼬리샘은 저에게 건강하게 잘 자라라고 단디(제대로, 단단하게

깃털을 청소하는 단디

의 경상도 사투리)라는 이름을 지어 줬어요. 어느 정도 자랐을 때 세린이 언니가 저를 새장에서 꺼내어 이유를 시작해서, 저는 새장 밖에서 자유롭게 날아다니며 자랐어요. 저는 베란다 산세베리아 잎 위에 앉아 있는 걸 좋아해요. 저는 좁쌀도 좋아하지만 바나나와 사과, 고구마를 특히 좋아해요. 사과나 바나나를 먹을 때면 주인님의 손바닥 위에 두 개의 다리를 딛고 서서 뾰족한 부리로 콕콕 쪼아서 먹는답니다. 언니가 공부를 할 때면 놀아 달라고 손가락 끝을 콕콕 쪼기도 하지요. 저는 제비꼬리샘이 들어오는 소리가 나면 베란다에서 '타타타타' 헬리콥터 날개 소리를 내며 화살처럼 날아와 어깨 위에 앉아요. 제가 날 수 있는 것은 뼈 속이 비어서 몸이 가볍고, 힘찬 날개가 있기 때문이지요. 저는 제비꼬리샘의 어깨 위에서 가끔 깃털을 청소하고, 똥 한 덩어리를 남겨 놓고 간답니다.

새 단디의 특징 : 다리가 (2)개, (날개)가 있어서 날 수 있으며, 온몸이 (깃털)로 덮여 있다. (알)을 낳아 품는다.

달팽이 미끌리

저는 미끌리, 얼마 전 제비꼬리샘 친구네 배추밭에서 배춧잎에 붙어 온 달팽이에요. 착한 주인을 만난 덕분에 새끼손톱만 하던 제가 이렇게 자랐어요. 저는 딱딱한 껍데기 속에 몸을 숨길 수 있고, 배춧잎이나 상추 등 채소를 먹고 자라요. 주인님은 제 뾰족한 더듬이를 건드리며 노는 걸 좋아해요. 저는 다리가 없어서 몸에서 체액을 내보내면서 배로 미끄러지듯

천천히 움직여 가지요. 그래서 저를 만지고 나면 손이 끈적끈적하다고 해요.

달팽이 미끌리의 특징 : 딱딱한 껍데기로 된 집이 있다. 다리가 없다. 풀잎 위를 미끄러지듯이 기어간다.

세미, 단디, 미끌리처럼 동물들은 제각기 생김새도 다르고, 먹이도 다르고, 사는 방식도 달라요. 그럼 이렇게 다양한 동물들을 일정한 기준을 정해서 분류해 보세요.

다음 동물을 일정한 기준을 정해서 분류해 볼까?

나비, 개미, 공벌레, 달팽이, 거미, 직박구리, 참새, 사랑앵무, 잠자리, 꿀벌, 뱀, 개구리, 다람쥐, 박쥐, 소금쟁이, 고양이, 붕어, 개, 햄스터

1. 기준 : 날개가 있고 없음

날개가 있다	날개가 없다
나비, 직박구리, 참새, 잠자리, 꿀벌, 박쥐, 소금쟁이, 사랑앵무	개미, 공벌레, 달팽이, 거미, 뱀, 개구리, 다람쥐, 고양이, 붕어, 개, 햄스터

2. 기준 : 다리의 개수

없음	두 개	네 개	여섯 개 이상
달팽이, 붕어, 뱀	직박구리, 참새, 사랑앵무	개구리, 다람쥐, 박쥐, 고양이, 개, 햄스터	나비, 개미, 공벌레, 거미, 잠자리, 꿀벌, 소금쟁이

3. 기준 : 몸에 털이나 깃털이 있고 없음

몸에 털이 있음	몸에 깃털이 있음	몸에 털이나 깃털이 없음
다람쥐, 고양이, 개, 햄스터	직박구리, 참새, 사랑앵무	나비, 잠자리, 꿀벌, 박쥐, 소금쟁이, 개미, 공벌레, 달팽이, 거미, 뱀, 개구리, 붕어

4. 기준 : 자라면서 탈바꿈을 하는 것과 하지 않는 것

탈바꿈을 하는 것	탈바꿈을 하지 않는 것
나비, 꿀벌, 잠자리, 개구리, 개미, 소금쟁이	고양이, 개, 햄스터, 거미, 참새, 직박구리, 사랑앵무, 공벌레, 붕어, 다람쥐, 뱀, 박쥐, 달팽이

5. 먹이의 종류

초식	육식	잡식
달팽이, 나비, 꿀벌	개구리, 고양이, 거미, 잠자리, 뱀, 박쥐, 소금쟁이	참새, 개, 햄스터, 사랑앵무, 직박구리, 다람쥐, 개미, 붕어, 공벌레,

6. 곤충인 것과 곤충이 아닌 것

곤충의 조건 : 몸이 머리, 가슴, 배로 나뉘어져 있고, 다리가 여섯 개이다. 날개가 2쌍 있거나 없는 것도 있다.

곤충인 것	곤충이 아닌 것
개미, 나비, 잠자리, 꿀벌, 소금쟁이	공벌레, 달팽이, 거미, 직박구리, 참새, 사랑앵무, 뱀, 개구리, 다람쥐, 박쥐, 고양이, 붕어, 개, 햄스터

제비꼬리샘과 함께하는 과학 상식

이런 동물도 있어요

· 산호 : 자유롭게 이동하지 못하여 식물처럼 보이지만 물속의 작은 생물을 잡아먹고 사는 동물이며, 알을 낳아서 번식해요. 산호는 맑고 따뜻한 바다에서 살며, 지구에서 매우 오래된 생물입니다.

· 오리너구리 : 몸이 털로 덮여 있고, 주둥이는 오리처럼 생겼어요. 알을 낳지만 젖을 먹여 새끼를 기릅니다.

· 해마 : 머리 모습이 말처럼 생겼다 하여 해마라고 부릅니다. 암컷은 수컷의 새끼주머니 속에 알을 낳아요. 알에서 부화한 새끼는 수컷의 새끼주머니 밖으로 나와요.

오리너구리

2 사는 곳에 따라 살아가는 모습도 달라!

동물은 땅이나 물속, 하늘 등 다양한 환경에서 살아갑니다. 동물은 사는 환경에 따라 생김새나 특징이 달라요. 사는 곳에 따라 동물이 어떻게 살아가는지 알아볼까요?

땅에 사는 동물은 어떻게 살까?

제비꼬리샘 땅 위에 사는 동물은 어떤 동물이 있을까요? 생김새와 특징을 함께 이야기해 봅시다.

현준 어제 부모님을 따라 산에 갔는데 다람쥐가 나무를 타고 재빨리 오르내리는 것을 봤어요. 정말 귀여웠어요. 다람쥐는 다리가 네 개이고 몸이 털로 덮여 있어요.

병직 지난 주말에 부모님과 대숲을 걷다가 뱀이 발밑을 지나가고

있어서 기겁을 했어요. 뱀은 몸이 원통형이고 매우 길어요. 그리고 다리가 없고, 몸이 비늘로 덮여 있어요. 배를 땅에 대고 기어서 움직이는데, 매우 빨라서 정말 놀랐어요.

서현 저는 할머니 댁에 갔다가 들에서 풀을 뜯고 있는 소를 보았어요. 소는 다리가 네 개이고, 몸이 털로 덮여 있어요. 그리고 다른 동물에 비해서 매우 덩치가 커요. 할머니 어릴 적에는 소가 수레를 끌고 가기도 했다고 해요.

환규 시골에서 밤길을 지나가다 갑자기 고라니가 숲에서 뛰어나와서 깜짝 놀란 적이 있어요. 고라니는 온몸이 털로 덮여 있고, 다리가 네 개이고, 가늘고 길었어요. 뛰는 속도가 무척 빨랐어요.

제비꼬리샘 땅속에 사는 동물들은 어떤 것이 있을까요?

열리 주말농장으로 고구마를 캐러 갔다가 우연히 땅속에서 두더지를 발견했어요. 누군가 고구마를 반쯤 먹어 치워서 이상하다 했더니 두더지가 있었어요. 두더지는 다리가 네 개였고 몸이 털로 덮여 있었어요. 앞다리가 꼭 삽처럼 생겨서 땅을 잘 파는 것 같아요.

태양 땅속에 사는 동물은 땅강아지와 지렁이를 빼놓을 수 없어요. 땅강아지는 다리가 여섯 개이고, 몸이 머리, 가슴, 배로 구분이 돼요. 다리로 걸어서 움직이고, 날기도 해요. 앞다리는 넓적하여 땅을 파기에 좋게 생겼어요. 지렁이는 긴 원통형에 고리 모양의 마디로 이루어진 몸을 갖고 있어요. 지렁이가 땅을 파서 땅속의

땅속에서 사는 두더지   다리가 없어 기어서 움직이는 뱀

        양분을 먹고 배설한 흙은 식물이 흡수하기에 좋아요.

병직 개미는 땅 위와 땅속을 걸어서 왔다 갔다 해요. 땅속에 개미굴을 만들고, 땅 위에서는 먹이를 얻어요.

환규 뱀도 땅속과 땅 위를 같이 다녀요. 뱀 굴을 만들잖아요.

제비꼬리샘 그럼 관찰한 것을 바탕으로 땅에 사는 동물들이 어떻게 움직이는지 말해 볼까요?

현준 소, 고라니와 너구리, 다람쥐, 토끼는 걷거나 뛰어서 움직여요.

서현 달팽이와 뱀은 다리가 없어서 기어서 움직여요. 달팽이는 배를 미끄러지듯이 움직이는데, 이것을 배발이라고 해요.

열리 두더지와 땅강아지는 땅을 판 다음에 땅속을 걸어서 움직여요.

병직 지렁이는 땅을 파고 땅속을 기어서 움직입니다.

태양 메뚜기, 여치, 벼룩 등은 뒷다리의 힘으로 뛰어서 움직여요.

제비꼬리샘 네, 여러분들의 이야기를 종합하면 다리가 있는 동물들은 걷거나 뛰거나 뒷다리의 힘을 이용해서 뛰어서 움직이고, 뱀이나 지렁이처럼 다리가 없는 동물들은 배나 몸통으로 기어서 움직이는군요.

땅에 사는 작은 생물을 관찰하려면?

· 개미, 공벌레, 쥐며느리 등을 맨눈으로 관찰한다.
· 도구를 사용하여 관찰한다. 돋보기나 루페 또는 돋보기 두 개를 이용하여 간이 관찰 도구를 만들어서 관찰하면 된다.

땅속 동물을 조사하는 방법

준비물 : 알코올 70~90% 용액, 나무젓가락, 비닐 끈, 체, 입이 넓은 병, 핀셋

· 숲속에서 사방 50cm를 재어, 네 귀퉁이에 나무젓가락을 꽂고 비닐 끈으로 둘러친다.
· 쌓인 낙엽을 걷어서 깔개에 옮기고 낙엽을 헤쳐 가며 핀셋으로 곤충들을 채집한다.
· 깊이 10cm까지 흙을 판다. 체에 흙을 담아 흔든다. 체로 걸러진 동물들을 채집한다. 핀셋으로 채집한 동물을 알코올 용액에 넣는다.
· 채집한 곤충은 전체 수, 종류별 수를 세어 표로 정리하고, 스케치하고 사진을 찍은 뒤, 도감을 이용해서 이름과 특징 등을 알아본다.

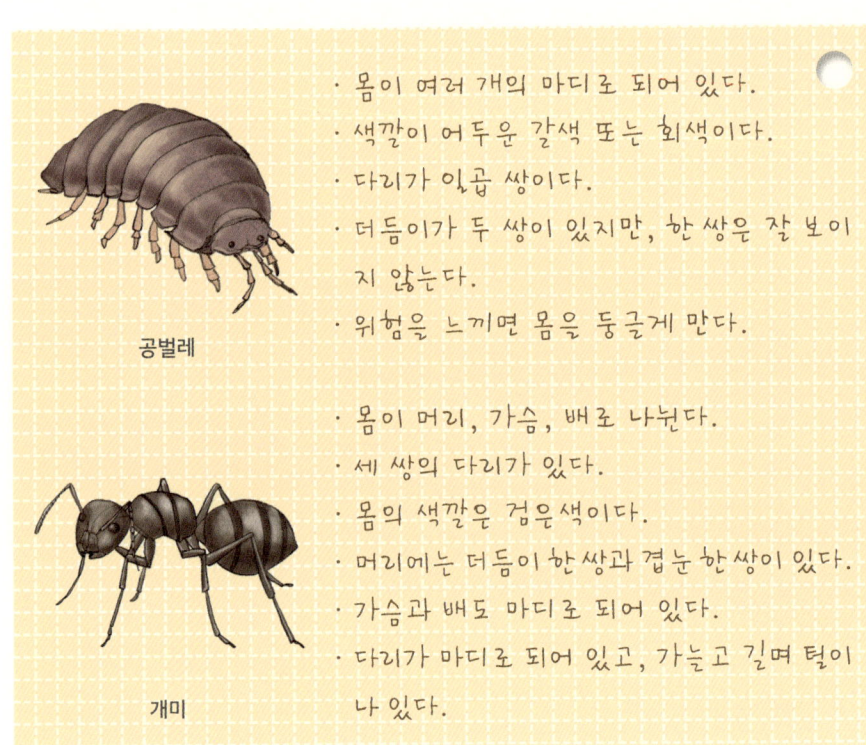

공벌레
- 몸이 여러 개의 마디로 되어 있다.
- 색깔이 어두운 갈색 또는 회색이다.
- 다리가 일곱 쌍이다.
- 더듬이가 두 쌍이 있지만, 한 쌍은 잘 보이지 않는다.
- 위험을 느끼면 몸을 둥글게 만다.

개미
- 몸이 머리, 가슴, 배로 나뉜다.
- 세 쌍의 다리가 있다.
- 몸의 색깔은 검은색이다.
- 머리에는 더듬이 한 쌍과 겹눈 한 쌍이 있다.
- 가슴과 배도 마디로 되어 있다.
- 다리가 마디로 되어 있고, 가늘고 길며 털이 나 있다.

물에 사는 동물은 어떻게 살까?

제비꼬리샘 샘은 주말이면 자전거를 타고 울산의 태화강 십리대숲을 다니는 시간이 참 좋아요. 자전거를 타고 지나가면서 물살을 거스르며 물 밖으로 펄떡펄떡 뛰어오르는 연어들의 모습을 지켜보는 것도 재미있어요. 붕어, 참몰개, 피라미 같은 물고기들이 많아지니 물고기를 잡아먹는 왜가리, 쇠백로, 오리, 갈매기, 논병아리 같은 새들도 자주 날아와서 풍경이 참 아름다워요. 얼마 전에는 태화강에 재첩이 돌아왔다는 현수막이 걸린 것을 봤어요. 재첩은 작은 조개의 일종인데, 재첩이 돌아왔다는 것은 강바닥까지 재첩이 살 만한 좋은 환경이 만들어졌다는 소식이니

정말 반가운 얘기지요. 그럼 지금까지 얘기했던 <u>강이나 호수에 사는 동물의 생김새와 생활 방식</u>을 알아볼까요?

태양 연어, 피라미, 참몰개, 붕어는 물속에서 살고, 아가미로 숨을 쉽니다. 지느러미를 이용하여 헤엄치고, 몸은 물속에서 헤엄치기 쉽도록 유선형이며 비늘로 덮여 있어요.

서현 왜가리는 길고 날카로운 부리와 긴 목, 긴 다리를 갖고 있어요. 물가에서 물고기, 개구리, 뱀 등을 잡아먹고, 몸은 깃털로 덮여 있습니다.

환규 수달도 물가에 살아요. 몸도 물속 생활에 알맞게 유선형이고, 털로 덮여 있으며, 발가락 사이에는 갈퀴가 있어요. 또한 물속에서 먹이를 찾는 데 어려움이 없도록 입 주변으로 안테나 역할을 하는 수염이 나 있고, 망막에는 주름이 져 있습니다. 먹이는 물고기, 개구리 등이고, 간혹 물새를 사냥하기도 해요.

열리 재첩, 다슬기는 바위나 강바닥에서 기어 다녀요. 재첩은 도끼 모양의 발을, 다슬기는 배발을 이용해서 움직여요.

병직 물맴이는 털이 달린 뒷다리로 헤엄을 치고, 네 개의 눈이 위아래로 있으며, 딱지날개와 배 위쪽 사이 공간을 이용하여 숨을 쉬어요. 물 위에서 맴돌기 때문에 물맴이라고 하는데, 위험을 느끼면 물속으로 숨습니다.

제비꼬리샘 울산은 바다가 가까워서 어디서건 30분 정도만 가면 푸른 동해 바다를 볼 수 있어요. 고래바다 여행선을 타면 운이 좋을 때 고래 떼가 집단으로 이동하는 모습도 볼 수 있어요. 고래는 바다에

살지만 새끼를 낳고 젖을 먹여 키우는 포유류인데다 숨도 허파로 쉬어서 자주 물 밖으로 나와 숨을 쉬어 줘야 합니다. 여러분이 아는 바다에서 사는 동물은 어떤 것이 있나요?

태양 저는 강원도에서 오징어잡이 배에서 갓 잡은 오징어와 문어를 사서 맛있게 먹었던 기억이 나요. 오징어와 문어는 뼈가 없어서 흐느적거리고, 머리에 다리가 달렸어요. 그리고 바다에서 헤엄칠 때 독이 있는 해파리 떼가 해변으로 몰려와서 독에 쏘일까 봐 무서웠어요.

현준 여름에 해변에서 파도에 떠밀려 온 별 모양의 불가사리와 가시 돋친 성게를 봤어요. 불가사리는 만져 보니까 가죽처럼 아주 딱딱했어요.

환규 상어가 나오는 영화를 봤는데요, 이빨이 무척 날카로운 백상아리는 물범, 사람까지 공격한다고 해요.

열리 저는 제주에서 사는 이모가 가끔 바다에서 잡은 갈치와 옥돔, 고등어를 보내 줘서 맛있게 먹었어요.

서현 저는 강화도로 갯벌 체험을 갔는데, 그곳에서 망둑어와 갯지렁이, 게, 조개를 보았어요. 갯지렁이와 게, 조개는 갯벌에 구멍을 파고 그 속에 잘 숨어서 잡기가 아주 힘들었어요. 갯벌에는 강이나 바다, 육지로부터 흘러 들어오는 유기물질이 풍부해 많은 생물이 살 수 있고, 먹이가 많아서 도요새 같은 철새들도 많이 날아온다고 해요.

제비꼬리샘 지금까지 여러분이 말한 <u>물에 사는 동물들의 공통점</u>은 무엇일까요?

병직 고래를 제외한 대부분의 물속 동물들은 주로 아가미로 숨을 쉬어요.

현준 물고기들은 물의 저항을 적게 받기 위해 몸이 대부분 유선형이에요.

환규 물속에서 지느러미나 지느러미처럼 생긴 다리로 헤엄을 쳐요.

열리 물 위를 헤엄치며 물고기를 잡아먹는 새들도 오리처럼 물갈퀴가 있는 것도 있고, 깃털에서 기름이 나와서 물에 잘 젖지 않아요.

제비꼬리샘 그럼 물가에 사는 왜가리나 수달의 이로운 점은 무엇이죠?

서현 물가에 살면 물을 구하기 쉽고, 물고기나 개구리 등 먹이가 풍부해서 살기에 좋아요. 우리나라 갯벌은 세계적으로도 유명해서 많은 철새들이 해마다 찾고 있다고 해요.

붕어

- 몸이 유선형이고, 비늘로 덮여 있다.
- 여러 개의 지느러미가 있다.
- 몸 옆에는 옆줄이 있다.
- 지느러미를 이용하여 헤엄쳐 이동한다.
- 입으로 먹이를 먹고, 아가미로 숨을 쉰다.

주의 : 물고기를 관찰할 때는 어항에 넣어서 생김새와 움직임을 관찰하도록 한다.

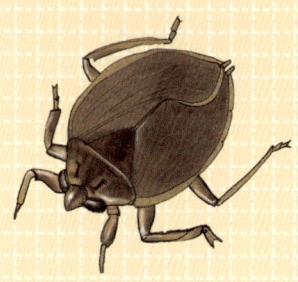

물자라

- 몸이 머리, 가슴, 배로 구분된다.
- 몸이 위아래로 납작하고, 뒷면은 날개로 덮여 있다.
- 머리에는 뾰족한 입과 겹눈이 있고, 더듬이가 잘 보이지 않는다.
- 다리가 세 쌍이고, 다리에 털이 많이 나 있다.

제비꼬리샘과 함께하는
과학 상식

바다와 민물을 오가는 물고기

물고기 중에는 바다와 민물을 오가는 것이 있는데, 이런 종류를 '회유성 물고기'라 해요. 회유성 물고기 중에는 연어와 뱀장어가 있어요. 연어는 알을 낳기 위해서 먼 바다에서 자신이 태어난 강으로 되돌아오고, 뱀장어는 민물에서 살다가 알을 낳기 위하여 바다로 이동합니다.

나는 동물은 어떻게 살까?

제비꼬리샘 아주 오래 전부터 사람들은 하늘을 나는 새들을 보면서 새처럼 하늘을 날고 싶어 했어요. 그래서 뜨거운 공기를 이용한 열기구를 하늘에 띄우기도 하고, 프로펠러를 돌리는 힘으로 비행기를 만들어 하늘을 날기도 했지요. 최초의 비행기는 라이트 형제의 '플라이어 호'예요. 두 형제는 비행과 관련된 책을 읽고, 새를 관찰하면서 무수한 활공 비행의 반복을 통해 동력 비행에 필요한 자료를 얻었다고 해요. 최근에는 혼자 힘으로 날고 싶다는 꿈을 실현한 사람이 있어요. 스위스의 항공기 조종사 출신인 이브 로시란 사람은 자신의 몸에 제트 엔진이 4개 달린 제트 슈트를 입고 하늘을 날기도 했어요. 이렇게 하늘을 날고 싶은 사람의 꿈은 아주 오랫동안 이어져 왔는데, 새들은 사람처럼 이러한 보조 기구가 없이도 마음껏 하늘을 날 수 있어요. 어떤 특징 때문인지 알아봅시다.

라이트 형제가 만든 비행기, 플라이어호

날개가 있는 황조롱이　　　가슴지느러미가 날개처럼 되어 있는 날치

날개가 있는 동물

• 황조롱이 : 날개가 있고, 몸이 깃털로 덮여 있다. 뼈 속이 비어서 몸이 가볍다. 몸의 균형이 잘 맞다.

• 잠자리 : 피부가 변한 네 장의 넓은 날개가 있다. 몸이 가볍다. 몸의 균형이 잘 맞다.

• 박쥐 : 앞 발가락과 다리 사이에 얇은 막으로 된 날개가 있다. 날개에 비해 몸이 가볍고 작다. 몸의 균형이 잘 맞다.

몸의 일부가 날개처럼 되어 있는 동물

• 하늘다람쥐 : 앞다리와 뒷다리 사이에 날개막이 있다. 날 때 꼬리로 몸의 중심을 잡는다.

• 날치 : 가슴지느러미가 날개처럼 되어 있다. 몸이 유선형이다.

제비꼬리샘　새들은 날개와 깃털, 부리가 있고 다리가 두 개란 공통점이
　　　　　있어요. 그중에서 특히 하늘을 날기에 좋은 점은 무엇일까요?
태양　　날개가 있고, 날개를 움직일 수 있는 가슴근육이 발달되어

있어요.

제비꼬리샘 네, 맞아요. 사람이 날개를 달아도 날 수가 없는 것은 날개를 움직일 수 있는 큰 가슴근육이 없기 때문이에요. 새들은 발달한 가슴근육을 이용해서 날개를 움직이는 힘을 낼 수가 있어요.

병직 뼈 속이 비어 있고, 몸이 가벼운 깃털로 덮여 있어요.

제비꼬리샘 그렇죠. 새들은 뼈 속이 비어 있고, 공기로 차 있어요. 또 크기에 비해 몸이 가볍고 깃털도 가볍지요. 만약에 돼지가 날개가 있다면 어마어마하게 큰 날개를 가져야겠지요? 그리고 새들이 알을 낳는 이유는 배 속에 새끼를 품고 있으면 무거워서 날기가 어렵기 때문이에요. 그래서 알로 낳아서 품는 거지요. 아, 또 하나! 새는 오줌과 똥이 나오는 곳이 하나로 합쳐져 있고, 무게를 줄이기 위해서 똥을 아무 때나 쌉니다. 샘도 새 키울 때 똥 치우느라 애 좀 먹었어요.

서현 새는 몸의 균형이 잘 맞고, 심장이 크고 시력이 발달되어 있어요.

제비꼬리샘 그렇지요. 하늘을 날려면 많은 에너지가 필요하기 때문에 어린 새는 1분에 심장이 1,000번쯤 뛴다고 해요. 그리고 발달한 시력으로 멀리서도 먹잇감을 잘 사냥할 수 있지요.

까치와 하늘다람쥐의 공통점과 차이점

둘 다 하늘을 날 수 있지만, 까치는 날개와 깃털이 있고, 하늘다람쥐는 날개막과 털이 있다는 점, 그리고 까치는 부리가 있고, 하늘다람쥐는 이빨

| 조류인 까치 | 포유류인 하늘다람쥐 |

이 있다는 점이 달라요. 까치는 다리가 두 개이고, 하늘다람쥐는 다리가 네 개이지요. 즉, 까치는 조류의 특징을 갖고 있고, 하늘다람쥐는 포유류이지만 사는 환경에 맞게 몸이 진화된 경우예요.

이런 곳에서 동물은 어떻게 살아남을까?

남극에 사는 펭귄은 날지는 않지만 새의 특징을 모두 갖고 있습니다. 펭귄은 다른 새처럼 부리가 있고, 깃털이 있고, 알을 낳습니다. 하지만 추운 남극에 살기 때문에 체온 유지를 위해 몸에 지방을 많이 축적해야 해서 몸도 덩치에 비해 무겁고, 먹이를 구하기 위해 물속에 자주 들어가야 하며, 천적이 물속 바다표범과 물 밖에 알을 훔쳐 먹는 스쿠아(도둑갈매기) 정도이니 굳이 하늘을 날 필요는 없었습니다. 그래서 날개가 물에서 헤엄치기 좋게 진화했습니다. 펭귄은 하늘 대신에 물속에서 날아다닙니다.

낙타가 사는 사막은 물과 먹이가 부족하고 그늘을 만들어 줄 식물이 거의 없습니다. 그래서 낙타는 등에 있는 혹에 남는 지방을 저장하여 물과 먹이가 부족할 때 에너지로 사용한답니다. 또 모래를 걸을 때 발이 모래 속으로 빠지지 않도록 넓은 발을 갖고 있어요. 그리고 사막의 강한 햇빛과

남극에서 사는 아델리펭귄 　　　　　사막에서 사는 낙타

모래 먼지로부터 눈을 보호하기 위해 긴 눈썹을 갖고 있지요. 또한 모래바람이 불 때 코와 귓속으로 모래가 들어가지 않도록 콧구멍을 여닫을 수 있게 되어 있고 귀에도 털이 나 있어요. 낙타의 두꺼운 입술과 고무같이 질긴 입은 먹을 것이 부족한 사막에서 선인장처럼 가시가 있는 식물을 먹어도 멀쩡하답니다.

3 멸종 위기에 처한 동물

거대한 운석 충돌로 멸종한 공룡과 달리 매머드는 지금부터 4,000년 전에 사람이 너무 많이 잡아먹어 멸종시켰다고 합니다. 사람과 함께 서로 기대며 수백만 년을 함께 살아온 동물들인데요. 동물 멸종의 가장 큰 이유는 환경 파괴입니다.

산업이 발달하고 인구가 늘어나면서 지구온난화와 환경오염으로 동물의 서식지가 점점 줄어들면서 지구상에 사는 동물의 개체 수가 줄어들고 있습니다. 도도새, 스텔러바다소, 포클랜드늑대는 멸종되어 더 이상 볼 수 없는 동물이 되었어요. 앞으로 20~30년 안에는 지구상의 동물 중에서 1/4 정도가 완전히 사라질 수도 있다고 합니다. 동물의 멸종을 막기 위하여 각 나라에서는 개체 수가 줄어드는 동물을 멸종 위기 종으로 지정하여 보호하고 있습니다.

멸종 위기 야생동물 1급으로는 늑대, 반달가슴곰, 산양, 수달, 장수하늘소, 저어새, 흰꼬리수리 등이 있고, 2급으로는 독수리, 따오기, 하늘다람쥐, 표범장지뱀, 구렁이, 금개구리 등이 있습니다. 우리나라에서도 생물종의 복원을 위해서 멸종 위기 종 복원 사업을 하고 있는데, 이것은 우리나라 생물 종의 다양성을 늘리고 생태계의 건강을 회복시키려는 노력이지요.

현재 복원 사업이 진행 중인 동물에는 지리산의 반달가슴곰, 설악산과

🔍 멸종한 동물들

도도새

스텔러바다소

🔍 멸종 위기에 처한 동물들

산양

따오기

월악산의 산양, 소백산의 여우, 우포의 따오기 등이 있습니다. 전라남도 구례에 있는 국립공원관리공단 종복원기술원은 우리나라 멸종 위기 동식물의 연구·복원 사업을 현장에서 시행하고 있습니다. 특히 반달가슴곰 복원 사업은 2004년부터 이어오고 있는 사업으로, 우리나라 생물 종 복원 사업의 시초입니다. 생물 종 복원 사업이 잘 이루어지려면 멸종 위기 종의 개체 수를 늘리고, 유전적인 다양성과 안정성을 확보하며, 서식지를 잘 보전하고 관리하여 동물들이 스스로 살아갈 수 있는 환경을 만드는 것이 가장 중요합니다.

4 동물에게서 배우다

비행기는 새와 물고기의 움직임을 흉내 내어 만들었고, 도마뱀이 천장에 거꾸로 붙어 떨어지지 않고 기어 다니는 것을 연구해 접착제를 만들었다고 합니다. 이 밖에 동물에게서 배워 사람에게 유용하도록 만들어진 물건들은 또 무엇이 있을까요?

거미줄을 보고 만든 수술용 실

거미줄을 우습게 보면 안 돼요. 거미줄은 같은 두께의 강철보다 5배 이상 더 강하다고 하니까요. 독일 라이프니츠 연구소에서는 거미줄을 이용해서 수술 후 상처를 꿰매는 실을 만들었어요. 튼튼한 데다가 몸속에서 저절로 녹아 버리니까 나중에 실을 제거할 필요도 없지요. 거미줄의 튼튼하고 질긴 성질을 이용해서 낙하산 줄이나 방탄조끼에 필요한 강력한 섬유도 개발 중이라고 하니 기대해도 좋아요!

잠자리 날개에서 배운 헬리콥터의 원리

잠자리는 날개에 힘을 주면 초당 40번씩 날갯짓을 할 수 있고, 방향과 속도를 마음대로 조절할 수 있어요. 뒤로도 날 수 있는 잠자리의 뛰어난 비행 능력을 본떠 헬리콥터의 날개를 만들었어요. 헬리콥터는 비행기와 달리 공중에서 멈출 수도 있고, 수직으로 날아오를 수도 있어서 사람을 구하거나 물자를 나르거나 살충제를 뿌리는 등 하는 일이 참 많답니다.

자벌레의 움직임과 도마뱀붙이의 성질을 응용한 내시경

　사람의 큰창자 속은 매우 미끄러워서 내시경으로 검사하는 과정에서 검사자에게 많은 고통이 따르지요. 그런데 자벌레의 움직임을 모방해서 만든 캡슐형 내시경은 알약처럼 삼키기만 하면 자벌레와 비슷한 방식으로 움직이면서 창자 속으로 들어간다고 합니다. 내시경의 정지 기술은 도마뱀붙이의 발바닥에 10억분의 1mm 정도 되는 수많은 털로 인한 미끄러지지 않는 성질을 응용하여 만들었다고 합니다.

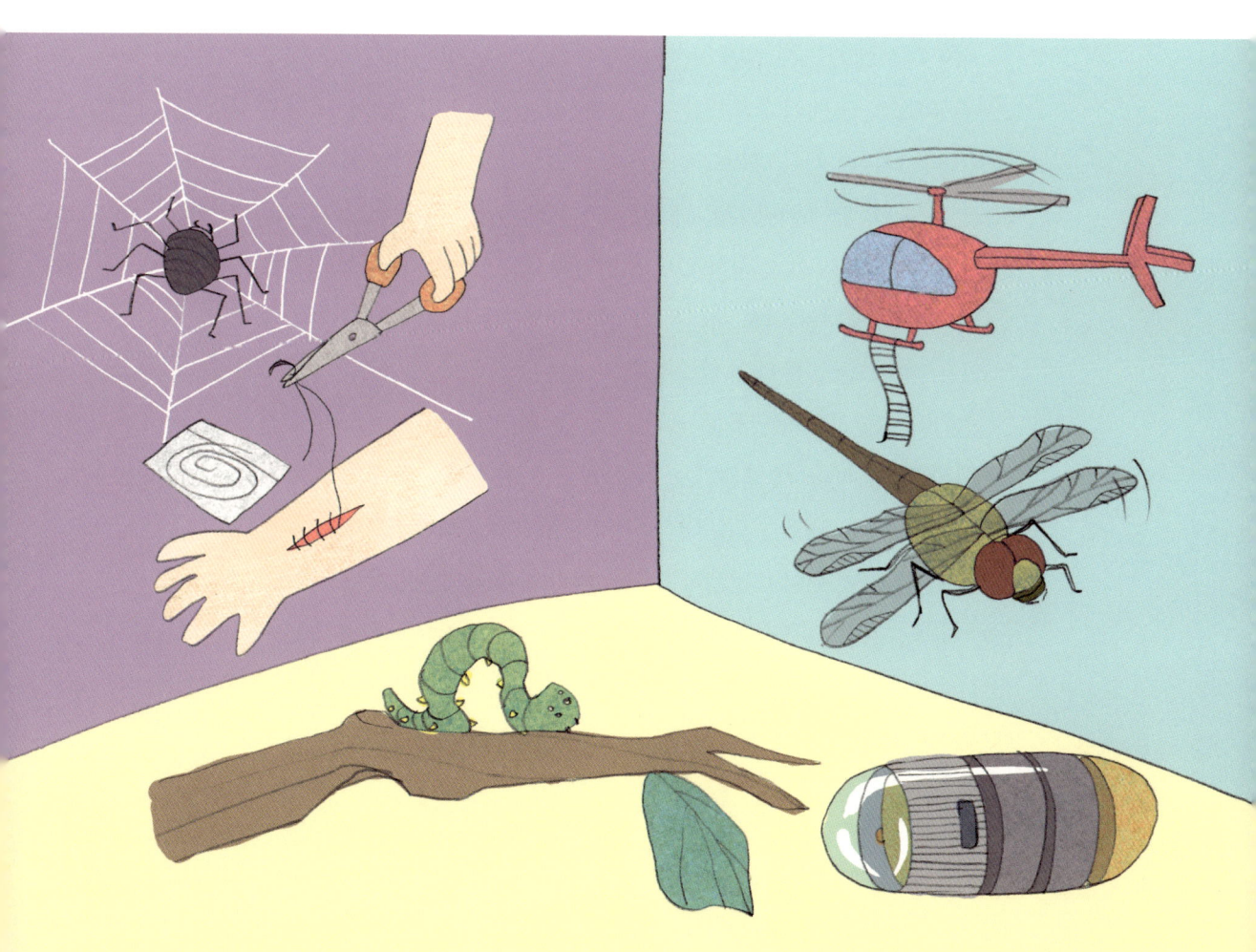

궁금해요

생물 멸종의 주범 화석연료, 무엇이 문제일까요?

생물 멸종의 주된 원인은 지구온난화와 그로 인한 생태계 파괴입니다. 그럼, 화석연료가 왜 지구온난화를 일으키는지 알아볼까요?

땅속에서 석유와 석탄을 발견하지 못했던 옛날에는 나무나 풀을 태워 난방 및 요리 등의 연료로 썼습니다. 당연히 나무나 풀을 태워도 화석연료와 똑같이 이산화탄소가 발생될 것이고, 그렇다면 나무나 풀을 태워도 지구의 이산화탄소 총량은 늘어날 텐데 왜 옛날에는 지금과 같은 지구온난화 문제가 발생되지 않았던 것일까요? 꼭 화석연료만 문제가 된다는 것입니까? 네, 맞습니다. 화석연료가 바로 문제랍니다.

지구 대기 중에 있는 이산화탄소의 총량이 문제라고 했죠. 나무나 풀은 원래 지구 대기 중에 있던 이산화탄소를 먹고 산소를 내뿜으며 자랍니다. 즉, 원래 지구 대기에 존재했던 이산화탄소를 먹었다가 태울 때 다시 뱉어 내기 때문에 지구 대기의 이산화탄소 총량에는 아무런 변화가 없습니다. 그러나 석유나 석탄 같은 화석연료는 원래는 땅속에 묻혀 있어야 할 것들입니다. 땅속에 계속 묻혀 있으면 당연히 지구 대기에 아무런 영향을 줄 수 없겠죠. 하지만 이를 캐내서 태운다면 얘긴 달라집니다. 땅속에 묻혀 있는 '이산화탄소'를 대기 중으로 옮겨 놓는 것과 같은 것이죠.

산업이 발달하면서 인류는 점점 더 많은 화석연료를 사용하게 되었죠. 화석연료를 태울 때 발생하는 이산화탄소가 온실효과를 일으켜 지구의 기온을 올리는 역할을 합니다. 지구의 기온이 올라가면 고열, 홍수, 가뭄 등의 이상기온 현상이 발생하고, 북극의 빙하가 녹아 해수면에 가까운 곳은 물에 잠기게 되고, 뜨거워진 대기로 인해 사막화 현상도 빠른 속도로 진행됩니다. 이렇게 지구 환경이 파괴되면 바뀐 환경에 적응하지 못하는 생물들이 급속도로 지구에서 사라지게 되는 것입니다.

또 하나 중요한 것! 지구 환경 파괴의 주범이 화석연료라면, 차라리 우라늄을 이용해 원자력발전을 하면 '친환경 에너지'가 되는 게 아닐까요? 아닙니다. 절대로 아닙니다! 땅속의 우라늄을 캐내 인위적으로 핵분열을 시켜서 전기에너지를 만드는 과정(핵발전)에도 사실 엄청나게 많은 화석연료가 필요하지만, 그것보다도 더 큰 문제는 핵분열 그 자체의 '위험성'입니다. 즉, 현

후쿠시마 핵발전소 사고에 따른 오염 지도

재 핵분열을 안전하게 통제할 수 있는 방법도 없을 뿐만 아니라 핵발전을 위해 인위적으로 한 번 분열시킨 핵분열(핵폭발)은 결코 사람의 힘으로, 현대 과학을 총동원한다 해도 결코 멈출 수 없기 때문입니다. 이렇게 한 번 분열하면 수억 년에 걸쳐 완전히 다 분열되어 타 버릴 때까지 인간의 힘으로 절대로 멈출 수도 끌 수도 없으며, 분열하면서 엄청난 방사선을 내뿜는 것이 핵발전의 문제점입니다.

사람이 방사선에 노출되면(피폭) 염색체 및 각종 신체기관을 파괴하고 변형시켜 즉사하거나 기형아를 낳거나 암, 백혈병 등에 걸린다고 합니다. 여러분은 2011년 3월 11일 일본 대지진과 이로 인한 쓰나미(해일)로 발생한 '후쿠시마 핵발전소 폭발' 사건을 알고 있나요? 이 단 한 번의 핵발전소 사고로 인한 방사선 피폭으로 많은 후쿠시마 지역 사람이 목숨을 잃었고, 지금도 각종 암 등의 질병으로 셀 수 없는 사람이 고통을 받고 있다고 합니다. 또 한반도 크기의 주변 지역이 방사능에 오염되었다고 합니다.

4장. 씨가 싹이 트고 열매 맺기까지

1. 여러 가지 씨 관찰하기
2. 씨의 싹을 틔우고, 식물을 길러 볼까
3. 식물의 한살이는 어떠할까?

1 여러 가지 씨 관찰하기

세상의 모든 씨들은 그 모양새가 아주 다양하지요? 씨는 당연히 스스로 움직일 수 없습니다. 하지만 자신이 뿌리를 내리고 살아야 할 곳까지 도달해야 제대로 자랄 수 있기 때문에 그 편의에 따라 모양새가 다양한 것이랍니다. 주변에 어떤 모양의 씨들이 있는지 한번 알아볼까요?

제비꼬리샘 선생님은 오늘 아침 현미밥에 호박, 고사리, 콩나물을 넣고 고추장에 싹싹 비벼서 한 그릇 먹고 왔어요.

현준 아, 쌤! 배고파요!

제비꼬리샘 선생님이 말한 식물 중에 씨로 번식하는 종자식물과 포자로 번식하는 포자식물을 나눠 볼까요?

서현 해바라기, 호박, 쌀, 콩나물 콩, 고추는 씨로 번식하는
종자식물이고, 고사리는 포자로 번식하는 포자식물이에요.

제비꼬리샘 네, 맞아요. 정원에 있는 대부분의 식물은 꽃이 피고 씨로
번식하는 종자식물이고, 고사리나 이끼류는 꽃이 피지 않고
포자로 번식하는 포자식물이지요. 우리는 씨로 번식하는 식물에
대해서 알아보기로 해요. 먼저 여러 가지 씨앗의 생김새를
관찰해 보고, 씨가 싹 트는 조건을 알아보도록 할까요?

씨를 관찰할 때는 색깔, 모양, 촉감, 크기로 나눠서 관찰하고 정리해 보세요.

색깔

강낭콩 씨	검붉은 색 또는 알록달록한 색
볍씨, 옥수수 씨, 은행나무 씨	노란색
봉숭아 씨	어두운 갈색
채송화 씨	검은색
분꽃 씨	검은색 또는 어두운 갈색
호박씨	연한 노란색

모양

강낭콩 씨	둥글고 길쭉하다.
볍씨	길쭉하다.
옥수수 씨	윗부분은 둥글지만, 옆은 약간 모가 나 있다.

은행나무 씨	달걀 모양이다. 딱딱한 껍질로 둘러싸여 있다.
봉숭아 씨, 채송화 씨	둥글다.
분꽃 씨	둥글고 주름이 많다.
호박씨	납작하고 한쪽은 둥글고 다른 한쪽은 뾰족하다.

촉감

강낭콩 씨, 은행나무 씨, 옥수수 씨, 채송화 씨, 호박씨	매끈하다.
볍씨, 봉숭아 씨, 분꽃 씨	거칠거칠하다.

크기

상대적인 길이를 재서 비교한다. 자로 가로, 세로의 길이를 재어 비교하거나 10원짜리 동전을 이용하여 비교한다.

큰 순서대로 : 호박씨 > 은행나무 씨 > 강낭콩 씨 > 옥수수 씨 > 분꽃 씨 > 볍 씨 > 봉숭아 씨 > 채송화 씨

제비꼬리샘 씨를 관찰해 보니 어떤 점이 같아요?

병직 단단하고 껍질에 둘러싸여 있어요. 껍질을 벗기면 그 속에 연한 부분이 있어요.

열리 샘, 은행나무 씨의 껍질은 아주 딱딱해서 깨뜨리기가 어려워요!

제비꼬리샘 우리가 즐겨 먹는 해바라기 씨나 은행나무 씨도 모두 껍질을 벗겨야 안에 씹기 좋은 부드러운 씨가 나오죠. 해바라기 씨는 그냥 먹어도 고소하고 호두, 땅콩 등 견과류와 같이 요리를

　　　　　해서 먹어도 좋아요. 선생님은 멸치 볶을 때 견과류와 함께 넣어서 꿀에 버무리는데, 아주 맛이 끝~내 줘요!

현준　　어흑, 어흑! 샘, 너무해요!

제비꼬리샘　울지 말고……. 다른 점은?

환규　　색깔, 모양, 촉감, 크기가 다릅니다!

제비꼬리샘　관찰이 다 끝났으면 모둠별로 밑그림을 그리고 양면테이프를 도화지 전체에 붙여서 씨를 붙여 그림을 완성해 보세요.

현준　　샘, 해바라기 씨는 먹고 싶은데…….

제비꼬리샘　좀 참아라, 현준아! 붙이고 남은 거 먹으렴.

2 씨의 **싹을 틔우고,** 식물을 **길러 볼까**

씨는 식물의 첫 생명입니다. 하지만 수분, 온도 등 적당한 조건이 되어야 생명의 싹을 틔울 수가 있어요. 씨에서 싹을 틔우기 위해선 어떤 조건이 필요할까요? 씨의 싹을 틔워 보고, 직접 길러 식물이 자라는 과정을 관찰해 볼까요.

씨의 싹을 틔워 볼까

제비꼬리샘 씨앗 관찰이 끝났으니, 이젠 씨를 싹 틔워 봅시다. 씨가 싹 트는 데 필요한 조건은 무엇인가요?

열리 물을 안 주면 말라 죽을 것 같아요. 저도 지난번에 봉숭아 화분에 깜빡하고 물을 안 줬더니 죽어 버렸어요. 흑흑.

제비꼬리샘 그랬구나. 또?

서현 온도도 맞아야 돼요. 아주 추운 극지방이나 아주 더운 사막에서도 식물이 잘 자라지 못하니까요.

병직 아, 그리고 우주에서도 식물이 자라지 못해요. 공기가 없어서요. 그러니까 공기도 꼭 필요해요.

제비꼬리샘 와, 우리 반 학생들 정말 똑똑해요! 씨가 싹 트는 데 적당한 온도는 18~25℃ 사이이고, 물은 충분히 주어야 하지만 씨가 잠겨 있으면 썩을 수가 있기 때문에 잠기지 않을 만큼만 주어야 해요. 그리고 씨를 흙에다 심기 하루 전에 물에 담가 두었다가 심으면 싹이 더 잘 튼다는 것을 기억해 두세요.

제비꼬리샘 싹이 트려면 뭐가 필요할까요? 강낭콩 씨로 실험을 해 볼까요? 접시 두 개에 탈지면을 깔고 강낭콩 씨를 올려놓습니다. 하나는 물을 주지 않고, 하나는 물을 충분히 줍니다. 4~5일 뒤에 확인하면 물을 준 접시의 강낭콩 씨만 싹이 튼다는 것을 확인할 수 있습니다.

주의 : 씨가 충분히 성숙하지 않았거나 상태가 좋지 않은 것을 쓰면 싹이 안 날 수도 있다.

제비꼬리샘 그럼, 물만 있으면 싹이 틀까요? 그렇진 않아요. 싹이 트는 데 온도가 미치는 영향을 알아보려면 접시 2개에 탈지면을 깔고 강낭콩 씨를 올려놓습니다. 접시 2개에 물을 적당히 부어 탈지면이 젖도록 하고 하나는 얼음주머니를 넣지 않은 스티로폼 상자에 넣고, 다른 하나는 얼음주머니를 넣은 스티로폼 상자에 넣습니다. 4~5일 뒤에 확인하면 얼음주머니를 넣지 않은 스티로폼 상자안의 페트리접시에 있는 강낭콩 씨만 싹이 틉니다.

환규 샘, 그럼 싹이 트는 데 양분이나 햇빛은 필요 없어요?

제비꼬리샘 싹이 트는 데 물과 적당한 온도는 꼭 필요하지만, 햇빛이나 양분은 별로 영향이 없어요. 은박 접시로 덮어서 햇빛을 가린 페트리접시 위의 강낭콩에도 싹이 튼답니다. 식물은 양분을 만들기 위해 광합성을 하지만, 씨는 광합성을 할 수 없어 양분을 만들 수 없어요. 그런데 어떻게 싹을 틔우느냐고? 씨가 싹 터서 어느 정도 자랄 수 있는 양분을 갖고 있기 때문이죠. 씨 속에는 새로운 식물이 될 배(씨눈)와 씨가 싹 터서 자라는 데 필요한 양분이 저장되어 있는 배젖이나 떡잎이 있어서 광합성을 하지 않아도 된답니다. 그럼 이번엔 반대로 질문해 볼게요. 씨가 싹 트지 않도록 오래 보관하려면 어떻게 해야 할까요?

태양 씨는 물, 공기, 온도의 조건이 맞아야 싹을 틔우니까, 이 세 가지를 없애면 됩니다.

제비꼬리샘 정답이에요! 밀봉된 상태에서 어두운 곳에 냉장 보관하면 싹 트지 않은 상태로 오랫동안 보존할 수 있답니다. 실제로 국립수목원에서 피라미드 속에서 발견된 3,300년 전 완두콩 씨도 싹을 틔워 열매를 맺기까지 했으니까요.

한살이 관찰하기에 좋은 식물은?

제비꼬리샘 씨에서 싹을 틔워 봤으니까 이제 식물의 한살이를 알아볼까요. 식물의 한살이를 탐구하기에 가장 좋은 방법은 직접 키워 보면서 관찰하는 것이에요. 한살이 관찰에 적합한 식물은 어떤 종류가 있을까요?

현준 은행나무? 소나무?

제비꼬리샘 은행나무나 소나무는 한살이 기간이 100년이 넘는 것도 수두룩해서 여러분이 죽기 전에 한살이를 관찰하지 못할 수도 있어요. 한살이 기간이 짧을수록 관찰하기가 쉬워요. 또 너무 크게 자라지 않는 것, 그리고 잎과 줄기, 뿌리, 꽃, 열매를 관찰하기 쉬운 것이 좋아요.

서현 빨리 자라고 크기도 적당한 강낭콩, 봉숭아, 나팔꽃, 방울토마토, 고추 같은 것이 좋겠어요.

제비꼬리샘 잘 길러서 강낭콩을 수확해서 밥에도 넣어 먹고, 방울토마토랑 고추도 따 먹고, 여름에 봉숭아 꽃잎으로 물도 들이면 더 좋겠네요.

제비꼬리샘과 함께하는 과학 상식

식물의 한살이

식물의 씨가 싹이 터서 자라서 꽃이 피고 열매 맺어서 씨를 만들고 죽기까지의 과정을 식물의 한살이라고 합니다.

화분에 식물 심는 법

1. 학급에서 관찰하기 좋도록 대형 플라스틱 화분을 준비한다.
2. 물이 적절히 빠지도록 바닥에 망을 깐다. 작은 화분일 때는 망이나 작은 돌로 물 빠짐 구멍을 막는다.
3. 거름흙을 3/4 정도 넣는다.
4. 간격을 적당히 두고 씨 두께의 두세 배 깊이로 씨를 심고, 흙을 덮는다.
5. 물뿌리개로 물을 충분히 주고, 푯말을 꽂는다. 푯말에 식물 종류와 심은 날짜를 기록한다.
6. 햇빛이 잘 드는 곳에 화분을 두고 관찰한다.

싹이 터서 자라는 과정 관찰하기

실험 장치

지퍼 백이나 투명한 유리컵에 탈지면을 넣고 탈지면을 충분히 적시고도 남을 만큼 물을 넣은 다음, 강낭콩 씨와 옥수수 씨를 자라는 과정이 보이도록 바깥쪽에 넣는다. 유리컵에 넣을 때는 자라는 공간을 확보하기 위해 탈지면의 위쪽으로 씨를 넣고, 지퍼 백에 넣을 때는 아래에서 4~5cm 높이에 넣는다.

주의할 점

1. 씨에 곰팡이가 피지 않도록 알코올로 닦아서 준비한다.
2. 씨가 흘러내리지 않도록 유리컵 안에 탈지면을 가득 채운다.
3. 지퍼 백을 완전히 닫으면 공기가 안 통해서 썩어 버리니까 주의!

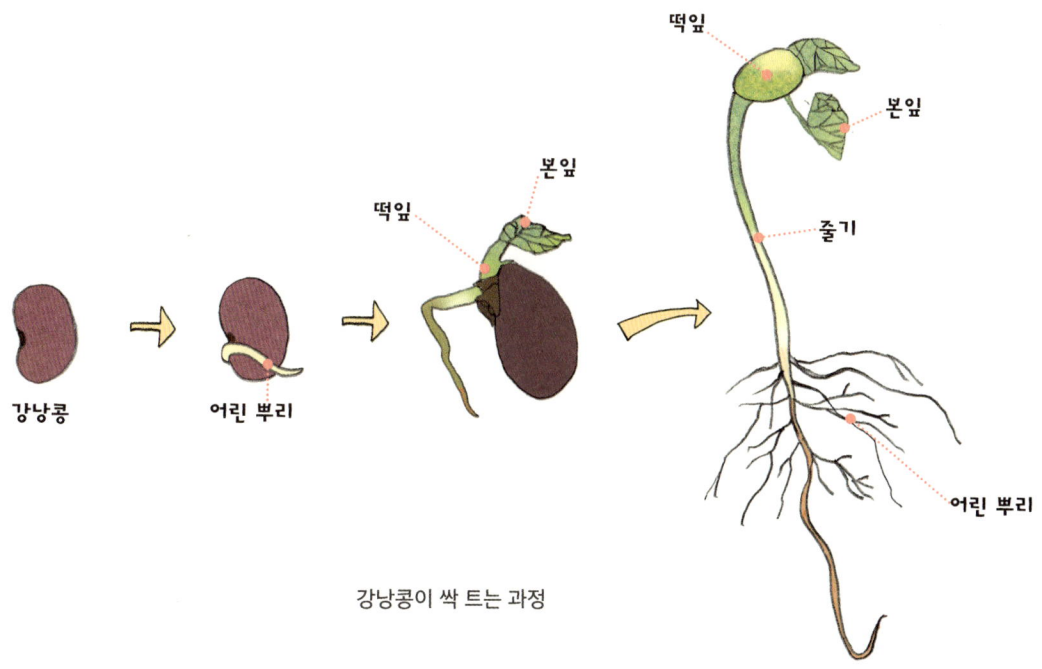

강낭콩이 싹 트는 과정

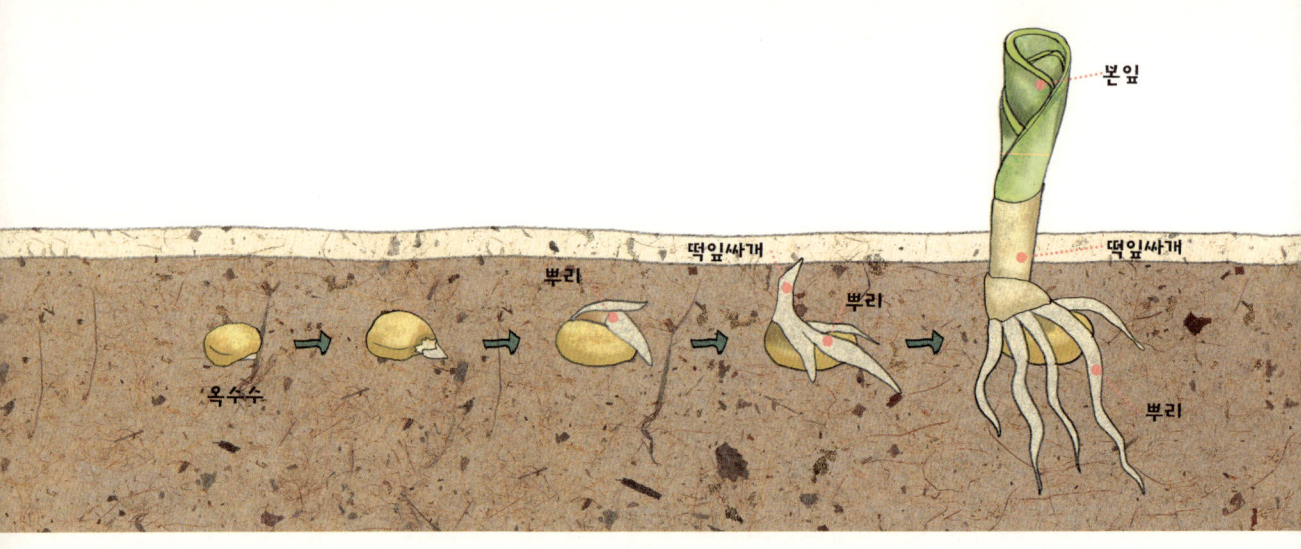

옥수수가 싹 트는 과정

제비꼬리샘 　무슨 변화가 있었는지 말해 보세요.

병직 　처음엔 강낭콩이 부풀더니 조그맣고 하얀 뿌리가 쏙 하고 나왔어요. 껍질도 벗겨지고요.

환규 　그 다음엔 두 장의 떡잎이 나왔어요.

서현 　조금 더 지나니까 떡잎 사이로 본잎이 나왔어요.

열리 　옥수수 씨도 부풀더니 뿌리가 먼저 나왔어요.

태양 　그런데 옥수수 씨는 떡잎이 안 나오고 둥근 원통 모양으로 생긴 것이 나왔어요. 그 사이로 본잎이 나왔어요.

제비꼬리샘 　둥근 원통 모양으로 생긴 것이 바로 떡잎싸개예요. 옥수수 씨는 떡잎싸개가 본잎을 보호하면서 그 속에서 본잎이 자라 나오는 거예요.

현준 　샘, 그런데 본잎이 자라면서 떡잎이 왜 쭈글쭈글해져요?

제비꼬리샘 　그건 말이야, 식물의 씨가 싹이 트려면 배에 있는 양분이 필요해. 그런데 강낭콩처럼 배가 아니고 떡잎이 있는 식물은 떡잎에 있는 양분으로 싹을 틔운 다음 본잎이 자라면서 떡잎의 양분을 사용하니까 떡잎이 쭈글쭈글해지다가 시들어서 떨어지게 되는 거지.

제비꼬리샘 강낭콩은 떡잎이 두 장 나오고, 옥수수는 떡잎이 한 장 나오잖아요? 잠깐 쌍떡잎식물과 외떡잎식물의 차이점을 알아봅시다.

쌍떡잎식물과 외떡잎식물은 어떻게 다를까?

씨앗이 싹 틀 때 떡잎이 두 장 나오는 식물을 '쌍떡잎식물'이라 하는데, 쌍떡잎식물의 잎은 그물맥입니다. 그리고 쌍떡잎식물의 뿌리는 곧은뿌리로, 가운데 굵은 뿌리를 원뿌리라 하고 원뿌리에 붙은 작고 가는 뿌리를 곁뿌리라고 합니다. 크게 자라는 나무들은 굵고 튼튼한 뿌리가 필요하기 때문에 대부분 쌍떡잎식물이에요. 관다발이 고리 모양으로 잘 정돈되어

있지요.

　씨앗이 싹 틀 때 떡잎이 한 장 나오는 식물을 '외떡잎식물'이라 하는데, 외떡잎식물의 잎맥은 나란히맥입니다. 외떡잎식물의 뿌리는 수염처럼 생겨서 수염뿌리라고 하지요. 한해살이식물들은 대부분 외떡잎식물이라 굵은 뿌리가 필요 없답니다. 관다발이 흩어져 있어요. 한해살이식물들은 빨리 자라서 씨앗을 퍼뜨려야 하기 때문에 줄기 속도 비어 있는 경우가 많아요. 옥수수, 벼, 보리, 강아지풀 등이 있지요.

식물이 성장하려면 무엇이 필요할까?

현준　태양아, 네 강낭콩은 튼튼하게 잘 자랐는데, 왜 내 강낭콩은 이렇게 시들시들하지?

태양　현준아, 너 물 언제 줬어?

현준　어, 그러고 보니 며칠째 물 주는 것을 깜빡했어! 물뿌리개! 샘, 제 강낭콩이 튼튼하게 잘 자라려면 어떻게 해 줘야 돼요?

제비꼬리샘　현준아, 지난번에 씨가 싹을 틔우려면 적당한 온도, 공기, 물이 필요하다는 걸 알았지? 씨는 배젖이나 떡잎에 싹을 틔울 영양분을 갖고 있어서 햇빛을 받아서 광합성을 하지 않아도 싹을 틔울 수 있지만, 싹이 트고 나서 뿌리, 줄기, 잎이 잘 자라려면 무엇이 더 필요할까?

현준　음, 햇빛이 있어야 할 것 같아요. 식물은 광합성을 해야 영양분을 만들 수 있으니까요.

제비꼬리샘　그럼, 햇빛과 물이 식물의 성장에 필요한지를 알아보는 실험

설계는 어떻게 해야 할까요?

태양 간단하죠. 한곳엔 물을 주고, 다른 한곳에는 물을 주지 않는 거예요. 그리고 한곳은 햇빛을 가리고, 다른 한곳은 햇빛을 받게 하면 되지요. 끝!

제비꼬리샘 맞아요. 10일 정도 실험하면서 관찰한 것을 기록해 보세요.

실험 장치
비슷한 크기로 자란 강낭콩 화분 네 개, 물뿌리개, 햇빛 차단 장치

실험 1. 식물이 자라는 데 물이 필요한가?
주의할 점 : 물의 양을 다르게 하는 실험은 두 화분 모두 일주일 정도 물을 주지 않은 상태로 준비한 다음 한 화분에만 물을 적당히 주고, 다른 화분에는 계속 물을 주지 않아야 실험 결과를 빨리 볼 수 있다.
물을 적당히 준 경우 : 잎이 잘 자랐다.
물을 주지 않은 경우 : 잎이 시들었다.

실험 2. 식물이 자라는 데 햇빛이 필요한가?
주의할 점 : 상자 안 온도가 올라가지 않도록 창을 적당히 뚫어 준다.
햇빛을 받은 화분 : 강낭콩 잎의 색깔이 진하고, 줄기가 굵게 자랐다.
햇빛을 받지 못한 화분 : 강낭콩 잎의 색깔이 연하고, 줄기가 가늘게 자랐다.

제비꼬리샘 실험 결과 여러분이 알게 된 것을 말해 볼까요?

현준 식물이 잘 자라려면 적당한 물과 충분한 햇빛이 꼭 필요해요.

제비꼬리샘 네, 그런데 왜 물과 햇빛이 필요한지 지금부터 말해 줄게요. 여러분도 지금 점심시간이 가까워서 배가 고프죠? 끼니를 거르면 어때요? 몸에 힘이 없고 영양분이 부족해서 잘 자라지 못하겠죠? 식물도 마찬가지예요. 그러나 식물은 다른 동물이나 식물을 먹는 대신에 햇빛을 먹어서 스스로 양분을 만들어 냅니다. <u>잎 속의 엽록소가 햇빛을 먹고 뿌리에서 빨아 올린 물과 잎의 기공을 통해 받아들인 공기 중의 이산화탄소를 이용해 포도당이라는 영양분을 만들어요.</u> 이러한 과정을 광합성이라고 하지요. 이 포도당이 변하여 식물의 잎과 줄기와 꽃과 열매가 된답니다. 잎에서 만든 포도당은 녹말, 단백질, 섬유소, 지방, 설탕, 과당 등의 여러 가지 영양분으로 바뀝니다. 줄기에 녹말로 된 영양분을 저장한 감자, 뿌리에 녹말을 저장한 고구마를 생각해 보세요. 그리고 콩에 들어 있는 단백질, 호두·잣에 들어 있는 지방, 줄기와 식물의 모든 부분에 고르게 있는 섬유소, 과일 속의 과당, 사탕수수나 순무의 설탕, 이 모든 것이 광합성의 결과랍니다. 그래서 식물에겐 햇빛과 물이 꼭 필요한 거예요. 또한 물은 광합성에도 필요하지만, 양분이나 무기질을 이동시킬 때 운반하는 역할과 식물체의 형태를 유지할 수 있도록 해 주는 아주 중요한 역할을 맡고 있어요. 그래서 물이 없으면 식물 세포 안에 물이 부족해서 형태 유지가 어렵게 되고 시들어 버리는 거지요.

열리 와, 선생님! 진짜 신기해요!

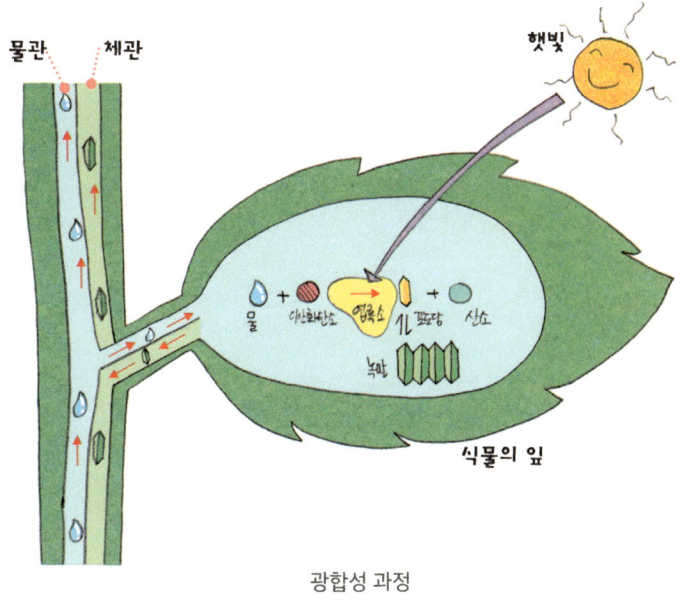

광합성 과정

제비꼬리샘 그렇죠? 그 밖에도 식물이 잘 자라려면 필요한 것이 또 있어요.

서현 거름!

제비꼬리샘 맞아요, 서현이! 식물이 잘 자라려면 적당한 온도와 양분이 더 필요한데, 양분 속에 질소와 인, 칼슘, 칼륨, 마그네슘, 철 같은 물질이 필요해요. 그래서 이런 물질을 흙이나 배양액 속에 넣으면 식물이 살 자랄 수 있지요. 예를 들어 질소는 잎이나 줄기 성장에 필요한 단백질이라서 부족하면 잎이 잘 자라지 않고, 칼륨은 광합성 작용을 돕는데 부족하면 잎이 황갈색으로 마릅니다. 퇴비나 깻묵, 쌀겨, 가축의 똥이나 사람의 똥을 왕겨와 섞어 발효시켜 천연 비료로 사용하면 식물이 잘 자라는 기름진 땅으로 만들 수 있지요. 그러나 식물 중에는 광합성을 하지 않거나 그 양이 적어서 다른 식물의 영양분을 먹어야 사는 식물도 있는데, 그런 식물을 기생식물이라고 합니다. 나무

꼭대기에서 볼 수 있는 새둥지처럼 생긴 겨우살이나 잎이 없어 줄기로 다른 식물의 영양을 훔쳐 먹고 사는 새삼이 대표적인 기생식물이지요.

쑥쑥 자라네! - 식물이 자라면서 달라지는 것

병직 선생님, 제 강낭콩에 잎이 여러 개 나왔어요.

제비꼬리샘 오, 그렇구나! 식물이 자랄 때 달라지는 것이 무엇이었죠?

병직 잎의 개수가 많아지고 크기도 커졌어요. 줄기의 개수도 많아지고, 굵고 길어졌고요.

제비꼬리샘 그럼, 어떤 것들을 기록하면 좋을까요?

서현 줄기의 길이를 줄자로 재어 그래프로 나타내면 얼마나 자랐는지 비교하기 쉬워요.

태양 새로 난 잎과 줄기의 개수를 기록합니다.

환규 저는 끈으로 줄기의 굵기를 잴래요.

제비꼬리샘 네, 모두 좋은 관찰 방법이에요. 여러분이 말한 방법 외에 잎과 줄기가 커지는 것을 비교하려면 이런 방법이 있어요. 갓 나온 어린잎과 줄기를 선택해 잎에는 0.5~1cm 간격으로 격자무늬를 그리고 줄기에는 2mm 간격으로 선을 그은 다음, 3~4일 간격으로 선의 간격이 얼마나 벌어지는지를 관찰해 보는 거예요. 성장이 빠를 때는 1~2일 간격으로 재어도 좋아요. 관찰한 것을 모두 표나 그래프로 나타내면 식물이 자라면서 어떤 변화가 생기는지 한눈에 비교할 수 있겠지요?

현준 선생님, 제 강낭콩이 얼른 제 키만큼 컸으면 좋겠어요!

제비꼬리샘 하하, 좋은 거름을 썼으니 잘 자랄 거예요. 그나저나 현준이는 급식 시간에 반찬을 그렇게 가려 먹어서 언제 키가 크려나?

제비꼬리샘 서현아, 손톱에 봉숭아 꽃물 예쁘게 들였네!

서현 네, 봄에 심은 봉숭아꽃이 피어서 꽃잎을 따서 물들였어요.

열리 선생님, 제가 심은 강낭콩도 꽃이 여러 개 피고 꼬투리가 열렸어요.

제비꼬리샘 열리의 봉숭아처럼 식물이 싹 트고 자라면 꽃이 피고 열매가 열리는데, 강낭콩도 꽃이 피고 나면 꽃이 진 자리에 꼬투리가 열립니다. 꽃과 열매가 자라는 과정에서 어떤 것들을 관찰하고 기록했나요?

태양 강낭콩 꽃봉오리의 개수와 꽃이 자라는 모양, 꼬투리의 개수와 길이를 재어 자라는 과정을 기록했어요.

제비꼬리샘 어떤 변화를 알 수 있었나요?

병직 꽃봉오리는 점점 펴지고, 꼬투리는 점점 커졌어요. 그리고 꽃봉오리와 꼬투리가 점점 많이 생겼어요.

열리 꽃이 활짝 피고 나서, 시든 다음 그 자리에 꼬투리가 달리는 게 신기해요.

서현 가지, 고추, 토마토, 봉숭아같이 꽃이 피는 식물들은 모두 꽃이 피었다 진 자리에 열매가 생겨요.

3 식물의 한살이는 어떠할까?

우리가 매일 먹는 밥. 밥은 쌀로 만들고 쌀은 벼의 씨앗입니다. 우리가 계속 밥을 먹기 위해선 한해살이식물인 벼의 씨앗을 매해 봄마다 다시 심어 줘야 하겠죠? 하지만 나무는 여러해살이식물이죠. 사과나무나 은행나무 같은 여러해살이식물은 한 번 싹 틔워 자라면 길게는 몇 백, 몇 천 년까지 계속 자라기도 하지요.

한해살이식물과 여러해살이식물은 무엇이 다를까?

오늘은 한해살이식물과 여러해살이식물의 차이를 인터뷰 방식으로 알아보기로 했어요. 서현이가 기자가 되어 선생님께 궁금한 것을 물어보는 방식으로 진행하였습니다.

서현 북멘토초등학교 배서현 기자입니다. 우리 학교는 여름방학마다 영화 상영을 하면서 강원도산 찰옥수수를 간식으로 제공합니다. 희고 노랗고 알록달록한 옥수수를 냠냠 먹으면서 친구들, 부모님과 함께 오순도순 둘러앉아 여름밤에 좋은 영화를 보는 즐거움이 참 크답니다. 그런데 이렇게 맛있는 옥수수를 해마다 먹으려면 옥수수를 매년 심어야 합니다. 옥수수는 한해살이식물이기 때문이죠. 이쯤에서 선생님, 한해살이식물과 여러해살이식물에 대해 설명 부탁드려요!

제비꼬리샘 네, 제가 말씀드리겠습니다. 한해살이식물은 식물의 한살이가

일 년 안에 이루어지는 식물로, 강낭콩, 벼, 봉숭아 등과 같은 풀이 있습니다. 여러해살이식물은 식물의 한살이가 여러 해 동안 이루어지는 식물로, 풀과 나무가 있습니다. 더 궁금한 것이 있으면 물어보세요.

서현 풀은 모두 한해살이식물입니까?

제비꼬리샘 아닙니다. 풀 중에는 강낭콩, 옥수수, 벼, 봉숭아, 해바라기처럼 한해살이식물도 있고, 비비추, 민들레, 쑥, 잔디, 갈대, 국화, 백합 등과 같은 여러해살이식물도 있습니다. 특히 풀 중에서도 대나무는 100년 이상 자라기도 한답니다.

서현 나무는 모두 여러해살이식물인가요?

제비꼬리샘 네, 나무는 모두 여러해살이식물입니다. 풀은 자란 지 일 년 뒤부터는 줄기의 부피는 자라지 않고 길이만 자라는데, 나무는 여러 해 동안 줄기의 부피와 길이가 계속 자랍니다. 그래서 나무의 나이테를 보면 몇 살인지 나이를 헤아릴 수 있지요.

벼의 한살이 – 한해살이식물

오늘은 가래떡 데이! 제비꼬리샘께서 빼빼로 대신 쌀로 가래떡을 해 오셨어요. 친구들 모두 꿀에 찍어서 맛있게 먹고 있습니다.

제비꼬리샘 여러분이 먹고 있는 가래떡은 쌀로 만든 거예요. 쌀은 벼의 씨랍니다. 오늘은 농부들의 땀으로 우리 식탁에 오르는 쌀의 한살이를 알아보도록 해요.

벼의 한살이

볍씨 → 싹이 튼다(볍씨 사이로 뿌리와 떡잎싸개가 나온다. 떡잎싸개에 싸여 본잎이 나온다). → 잎과 줄기가 자란다. → 꽃이 핀다(벼는 꽃잎이 없으며 벌어진 연한 초록색의 벼 껍질에서 여섯 개의 하얀 수술이 밖으로 드러나 있다). → 열매가 맺히고 씨가 생긴다(꽃이 진 뒤에 노란색의 열매인 볍씨가 달린다). → 잎, 뿌리, 줄기가 시들어 죽는다.

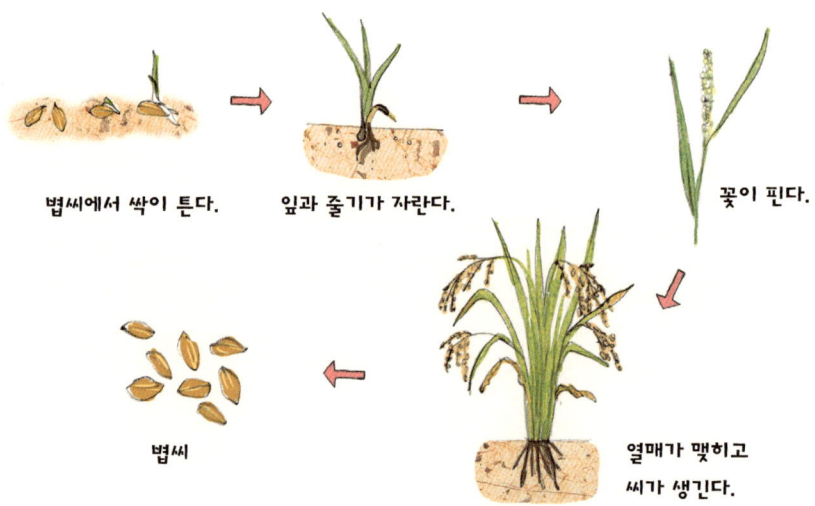

벼의 한살이

비비추의 한살이 – 여러해살이식물

제비꼬리샘 벼와 달리 비비추는 여러해살이식물이랍니다. 비비추의 한살이도 알아볼까요?

비비추의 한살이

비비추는 봄에 씨가 싹 터서 자라 여름에 꽃이 피고, 가을에 열매를 맺으며, 겨울에 땅의 윗부분이 시들어 죽고 땅속줄기가 살아남아 이듬해 새순이 돋아난다.

- 씨가 싹 튼다. → 잎과 줄기가 자란다. → 꽃이 핀다. → 열매가 맺히고 씨가 생긴다. → 땅의 윗부분이 시든다. → 시든 자리에 새순이 돋아난다(땅속줄기에서 새순이 돋아난다).

제비꼬리샘 한해살이식물은 한 해 동안 싹 트고 자라 꽃을 피우고 열매를 맺어 씨를 만들고 죽습니다. 한해살이식물은 다시 씨를 심어야 대를 이을 수 있어요. 여러해살이식물은 여러 해 동안 죽지 않고 새순이 자라 꽃을 피우고 열매를 맺는 과정을 되풀이합니다. 한해살이식물과 여러해살이식물은 한살이 기간은 다르지만 모두 싹이 트고 자라 꽃을 피우고 열매를 맺어 다시 씨를 만들어 번식한다는 점은 같습니다.

비비추

궁금해요

지구상의 식물은 왜 대부분 초록색일까요?

먼저 색이라는 것이 무엇인지 알아볼까요? 색은 간단히 말하면 빛입니다. 빛은 소리와 같은 파동의 성질을 갖고 있답니다(물론 입자로서의 성질도 있어요). 우리가 보는 빛은 태양에서 만들어지지요. 이렇게 태양에서 만들어진 빛의 파동은 아주 다양한 파장(파동의 1주기 간격)을 갖고 있답니다. 하지만 우리 인간이 색깔로 느낄 수 있는 파장의 범위는 빛 전체의 파장에서 극히 일부분이랍니다. 우리가 볼 수 있는 빛(가시광선)의 파장보다 짧은 파장의 빛을 자외선, 엑스선, 감마선이라고 부르고, 가시광선보다 긴 파장의 빛을 적외선, 마이크로파, 전파 등으로 부르지요.

그리고 우리가 어떤 물체의 색을 본다는 것은 그 물체가 반사한(나머지 색깔의 빛은 흡수) 특정 가시광선의 색(파장)을 본다는 것이랍니다. 즉, 빨간 사과를 본다는 것은 사과가 빨간 색깔을 제외한 나머지 색을 흡수하고 빨간색을 반사시켰기 때문에 사람의 눈엔 빨간색으로 보인다는 것이지요.

이제 초록색으로 보이는 식물에 대해서도 감이 잡히지요? 식물이 초록색으로 보인다는 것은 식물에 있는 엽록소 때문인데, 이 엽록소라는 것

육지를 뒤덮은 초록 식물

최초의 육지 식물 가운데 하나인 쿡소니아

이 다른 색은 다 흡수해서 에너지로 쓰고 초록색 빛만 반사시켜 버려서 우리 눈엔 초록색으로 보인다는 것이죠.

육지 식물의 조상인 녹색조류

그건 그렇다 치고, 그런데 왜 그 많은 색깔 중에 식물은 대개 초록색일까요? 지구 탄생 초기에는 대기권 맨 꼭대기 층에 오존층이 없었기 때문에(오존은 태양으로부터의 자외선을 흡수함) 태양에서 날아오는 자외선 등 짧은 파장의 빛(에너지가 매우 높은 빛) 때문에 빛이 도달하지 않는 깊은 바닷속에서만 겨우 생명체가 살 수 있었답니다. 이때 지구 바닷속 첫 생명체가 자주색을 반사시키는(자주색 이외의 에너지만 사용하는) 박테리아였답니다. 하지만 수억 년의 과정을 거쳐 지구 환경이 변하면서 초록색을 반사시키는(초록색 이외의 에너지만 사용하는) 박테리아가 자주색 박테리아를 제치고 지구 전체를 장악했다고 해요.

이 박테리아는 또 수억, 수십억 년(지구 나이는 46억 년임) 진화하고 진화하여 육상으로 올라와 지금의 나무와 풀을 비롯해 지구 모든 생명체의 원천이 된 것이랍니다. 그래서 지금 우리가 보고 있는 대개의 식물들은 초록색을 띠고 있는 것이죠. 우리가 할아버지, 할머니, 엄마와 아빠의 얼굴 생김새와 성격을 닮는 것처럼 말이에요.

만일 태초에 자주색 박테리아가 초록색 박테리아를 제압하고 지구를 완전 장악했다면 아마도 지금 우리가 보는 세상은 지금과는 완전히 다른 색깔이었을 겁니다. 산도 자주색, 들도 자주색, 온통 자줏빛 세상이었겠죠. 포도 주스 색깔 같은 보랏빛, 자줏빛 세상! 여러분 한 번 상상해 보세요.

5장. 식물, 이렇게 살아요

1. 식물에 이름을 붙여 볼까
2. 사는 곳에 적응한 식물들
3. 식물에게서 배우다

1 식물에 이름을 붙여 볼까

해바라기는 언제나 해를 바라보고 있고, 나팔꽃은 나팔처럼 생겼고, 접시꽃은 접시 같아요. 할미꽃, 쥐똥나무, 초롱꽃, 도깨비바늘, 애기똥풀. 며느리밑씻개. 참 재밌는 식물 이름이 너무너무 많아요. 당연히 대부분의 식물은 생김새와 특징에 따라 사람들이 부르면서 자신의 이름을 갖게 되었겠지요.

학교 정원에 자라는 식물을 몇 개나 아니?

열리 선생님, 벌이 들어왔어요! 무서워요!! 휘~이, 휘어~이!

제비꼬리샘 열리야, 샘이 봤을 때는 너보다 벌이 100배, 1000배 더 무서울 것 같아. 네 덩치가 훨씬 더 크잖니? 그러니 소리 지르지 마!

열리 샘은 만날 동물 입장에서만 말해요!

제비꼬리샘 우리는 말을 할 수 있지만 동물은 말을 못하잖니? 그래서 내가 대신 말해 주는 거야. 그래서 넣으냐?

열리 아, 아뇨. 근데 벌이 왜 자꾸 들어와요?

제비꼬리샘 응, 그건 말이야, 교실 앞 정원에 꽃이 많아서 그래. 말 나온 김에 학교 정원에 있는 식물 가운데 아는 이름 좀 불러 볼까?

병직 무궁화! 나팔꽃!

환규 강아지풀! 토끼풀! 민들레!

제비꼬리샘 나무 이름도 불러 볼까요?

태양 동백! 향나무! 무궁화! 소나무! 은행나무!

제비꼬리샘 참 많은 식물이 있네요. 정원에서 꽃이나 나무와 마주칠 땐 꼭 지금처럼 이름을 불러 주세요. 여러분도 누가 내 이름 대신에 분홍색 티셔츠 입은 사람, 안경 쓴 사람, 이런 식으로 부르면 기분 나쁘겠죠? 식물도 마찬가지랍니다. 자, 그럼 이제 운동화로 갈아 신고 식물을 찾으러 나가 볼까요? 식물을 관찰할 때 다른 반 수업을 방해할 수 있으니까 조용히 해야 돼요. 그리고 식물을 함부로 꺾거나 채집하지 말고, 그림을 그리거나 사진을 찍어서 기록하도록 해요. 식물의 잎을 입에 넣지 않고, 관찰한 다음에는 꼭 손을 씻도록 합시다.

제비꼬리샘 햇빛이 잘 드는 정원에서 찾은 식물은 어떤 것이 있었죠?
서현 해바라기, 국화, 강아지풀, 분꽃, 나팔꽃, 백일홍, 배롱나무,

향나무, 소나무, 무궁화 등이 있어요.

제비꼬리샘 숲속에서 찾은 식물은?

병직 고사리, 이끼, 맥문동, 닭의장풀이 있어요.

제비꼬리샘 그럼, 연못과 연못 주변에서는요?

현준 개구리밥, 부레옥잠, 수련, 연꽃, 부들을 봤어요.

제비꼬리샘 네, 이렇게 식물은 사는 곳에 따라 종류가 다르다는 것을 알 수 있어요. 그럼 이 가운데 한 가지 식물만 골라서 식물도감을 참고로 하여 관찰 기록장을 써 보도록 합시다.

제비꼬리샘과 함께하는
과학 상식

학교 정원의 식물 관찰하기

식물을 관찰하기 전에 교사가 화단과 학교 숲의 식물을 미리 조사하고, 학습지에 간단한 학교 약도를 그려서 학생들에게 줍니다. 학생들이 직접 관찰한 장소에 식물 이름을 써 넣을 수 있도록 하면 서식지와 식물 이름을 동시에 알게 되어 학습 효과를 높일 수 있습니다.

식물의 모습을 세밀화로 그리거나 모둠별로 서식지에 따른 학교 식물 지도를 만들어 보게 합니다. 각자 하나의 식물을 정해 식물도감을 만들어 보는 등 다양한 방법으로 관찰 기록을 하게 하면 더욱 더 흥미로운 시간을 만들 수 있습니다.

쥐똥나무에는 정말 쥐똥이 있을까?

제비꼬리샘 학교 앞 주차장 담장에 심은 쥐똥나무는 왜 그런 이름을 붙였을까요?

현준 열매가 꼭 쥐똥처럼 생겼어요. 작고 동그란데다 새까맣거든요. 저는 그 열매를 쥐똥이라고 속여서 친구 손에 쥐어 준 적이 있어요. 흐흐.

제비꼬리샘 과연 현준이답다! 쥐똥나무처럼 독특한 생김새에 따라 이름 붙인 식물은 어떤 것이 있나요?

병직 할미꽃은 꽃이 굽어 있는 모양이 꼭 허리가 꼬부라진 할머니처럼 보여요. 그리고 열매에 붙은 하얀색 털이 꼭 흰머리 같아서 할미꽃이란 이름이 붙었나 봐요.

환규 화살나무는 가지에 달린 작은 날개가 꼭 화살 깃처럼 생겨서 붙여진 이름이고요.

열리 은방울꽃은 꽃 모양이 하얀색 방울처럼 생겨서 붙여진

쥐똥나무

할미꽃

화살나무

초롱꽃					도깨비바늘

이름이에요. 흔들면 꼭 방울 소리가 날 것처럼 생겼어요. 그래서 흔들어 봤더니 아무 소리도 안 나대요.

서현　초롱꽃은 꽃이 고개를 숙인 초롱 모양으로 생겨서 초롱꽃이라고 이름 붙였대요.

태양　도깨비바늘은 씨가 길쭉하고 끝에 가시 모양의 털이 있어 도깨비처럼 아무도 모르게 사람의 옷이나 동물의 털에 잘 달라붙는다고 붙여진 이름이에요.

제비꼬리샘　그럼 다양한 특징에 따라 이름 붙인 식물은 어떤 것이 있을까요?

현준　애기똥풀은 줄기나 잎을 꺾으면 노란 즙이 나와요. 그게 꼭 애기 똥처럼 보인다고 붙여진 이름이래요.

병직　무궁화는 꽃이 피는 기간이 매우 길어 7~10월 동안 꽃을 무궁무진하게 볼 수 있다고 붙여진 이름이에요.

환규　생강나무는 잎이나 줄기를 자르거나 문지르면 생강 냄새가 나서 붙여진 이름입니다.

서현　팔손이는 잎의 가장자리가 손바닥처럼 깊게 갈라져서 붙여진

애기똥풀 　　　　　　　　　　팔손이

　　　　　이름이래요. 근데 갈라진 부분이 여덟 개라서 손가락이 여덟
　　　　　개란 뜻으로 팔손이라고 이름 붙였대요.
태양　　물푸레나무는 물에 담그면 물 색깔을 푸르게 만든다고 이름을
　　　　　그렇게 붙였다고 합니다.
제비꼬리샘　우리 반 친구들이 꽃의 생김새와 이름을 많이 알고 있네요.
　　　　　선생님 딸도 어렸을 적에 개망초를 보고 달걀프라이꽃이라고
　　　　　이름 붙인 적이 있어요. 개망초의 꽃송이와 꽃차례가 꼭
　　　　　달걀부침 모양처럼 생겼거든요.

식물의 잎을 분류해 볼까?

제비꼬리샘　오늘은 식물의 잎을 생김새에 따라 분류해 볼 거예요. 잎을
　　　　　채집할 때는 한 가지에서 여러 잎을 채집하지 않도록 하고, 꼭
　　　　　식물에게 "미안해, 잎 하나만 가져갈게." 한 다음에 얻도록
　　　　　하세요. 옛날 우리 선조들은 궁궐에 쓸 나무 한 그루 벨 때도
　　　　　"어명이요!" 소리친 다음 베었다고 해요. 요즘도 큰 나무를 벨
　　　　　때는 제를 올리고 베는 경우가 종종 있어요. 이처럼 식물도 살아

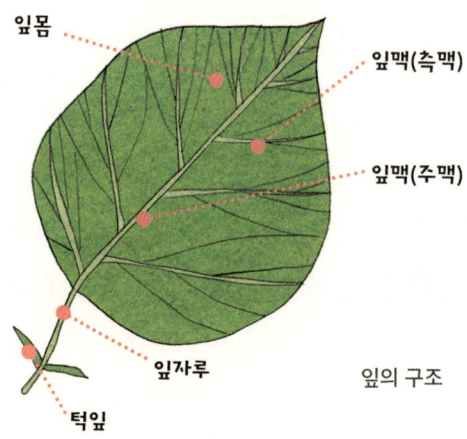

잎의 구조

있는 생물이기 때문에 말을 하지 못한다고 함부로 하면 안 되겠죠?

열리 네, 선생님. "미안해, 잎 하나만 가져가도 되겠니?" 이렇게 꼭 물어보고 뜯을게요.

제비꼬리샘 그리고 잎을 채집할 때 가지를 꺾지 않도록 주의하세요. 그럴 일은 없겠지만 나무 위에 올라가거나 하는 위험한 일은 절대로……, 현준아, 안 돼!

현준 아, 죄송해요. 안 그럴게요.

제비꼬리샘 여러분이 채집한 잎을 관찰하고, 여러 가지 기준을 정해서 분류해 봅시다. 분류할 때 두 가지로 분명히 나눠질 수 있는 기준을 정해서 분류해 보세요.

태양 단풍나무, 팔손이, 칠엽수는 잎 가장자리가 갈라졌고, 감나무는 잎 가장자리가 갈라지지 않았어요. 저는 잎이 갈라진 것과 갈라지지 않은 것으로 나누고 싶어요.

서현 강아지풀, 대나무는 잎이 좁고, 무궁화는 잎이 넓어요. 저는 잎이 좁은 것과 넓은 것으로 나눌래요.

병직 벚나무는 잎이 한 장이고, 아까시나무와 토끼풀은 잎이 여러 장이에요. 저는 잎이 한 장인 것과 여러 장인 것으로 나누고 싶어요.

제비꼬리샘 좋아요. 그럼 정한 기준에 따라 분류해 보세요.

분류 기준	구분	식물 이름
잎의 전체적인 모양이 좁은가?	그렇다.	강아지풀, 대나무
	그렇지 않다.	토끼풀, 감나무, 벚나무, 국화, 단풍나무, 연꽃, 동백, 장미, 무궁화, 등나무
잎이 한 장인가?	그렇다.	강아지풀, 대나무, 감나무, 벚나무, 국화, 단풍나무, 동백, 장미, 무궁화, 연꽃
	그렇지 않다.	등나무, 토끼풀, 아까시나무, 칠엽수
잎의 가장자리가 갈라졌는가?	그렇다.	국화, 단풍나무, 팔손이
	그렇지 않다.	강아지풀, 등나무, 토끼풀, 감나무, 대나무, 벚나무, 연꽃, 동백, 장미, 연꽃
잎의 전체적인 모양이 뾰족한가?	그렇다.	소나무, 전나무, 선인장
	그렇지 않다.	강아지풀, 대나무, 벼, 토끼풀, 감나무, 벚나무, 국화, 단풍나무, 연꽃, 동백, 장미, 무궁화, 등나무, 아까시나무, 팔손이
잎이 나란히맥인가?	그렇다.(나란히맥)	강아지풀, 대나무
	그렇지 않다.(그물맥)	토끼풀, 감나무, 벚나무, 국화, 단풍나무, 연꽃, 동백, 장미, 무궁화, 등나무

그 밖에 다양한 잎의 생김새

·완두콩은 잎이 덩굴손으로 변한다.
·선인장은 잎이 모두 가시로 변한다.
·부레옥잠은 잎자루 안에 공기가 들어 있어서 크고 둥글게 부풀은 모양이고 물에 뜰 수 있다.
·양파는 잎이 껍질로 변한다.
·끈끈이주걱은 찐득찐득한 잎으로 벌레를 사냥한다.
·잎 가장자리 모양이 느티나무처럼 톱니 같은 식물도 있고, 신갈나무처럼 물결 모양인 식물도 있다.

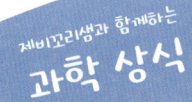

벌레잡이식물

어떤 습지는 식물에게 필요한 미네랄이 부족한데, 벌레잡이식물(식충식물)은 단백질을 만들기 위해 필요한 질소가 부족한 땅에서 곤충을 잡아먹음으로써 단백질을 직접 보충합니다. 벌레잡이식물의 종류에는 파리지옥, 끈끈이주걱, 통발, 벌레잡이통풀 등이 있어요.

찰스 다윈(1809~1882)도 벌레잡이식물을 무척 좋아했다고 합니다. 다윈이 세상에서 가장 멋진 식물이라고 한 벌레잡이식물은 파리지옥이에요. 파리지옥은 잎 가장자리의 꿀샘에서 꿀을 분비하여 벌레를 유인하지요. 잎의 양쪽으로 3개씩(총 6개) 감각모가 나 있으며, 이중 2개를 건드리면 1초 내에 잎이 닫히고 잎 가장자리 가시들이 손가락 깍지를 끼듯 닫혀서 벌레가 도망가지 못합니다. 그리고 산채로 꿀꺽하면 끝!

벌레잡이 식물인 파리지옥

파리지옥이 잎으로 벌레를 잡은 모습

2 사는 곳에 적응한 **식물**들

장미는 뾰족한 가시가 있고 대나무는 미끈하고 길쭉해요. 소나무 잎은 뾰족한 바늘 같고 감나무 잎은 둥글고 넓적해요. 이처럼 식물의 모양은 아주 다양합니다. 이 모든 식물들의 생김새는 왜 이렇게 각양각색이 되었을까요?

들과 산에서 자라는 식물에는 뭐가 있을까?

제비꼬리샘 여러분, 지난 추석에 성묘를 다녀오면서 산과 들에서 마주친 식물에 대해 이야기 나눠 볼까요? 먼저 들에 사는 식물에 대해서 알아볼까요?

서현 저는 시골 할머니 댁과 가까운 들판을 산책하면서 마을 입구에 서 있는 아주 오래된 느티나무, 소나무, 키 작은 민들레, 토끼풀, 명아주, 노란 즙이 나오는 애기똥풀, 살랑살랑 흔들리는 강아지풀과 누렇게 익어 가는 벼, 가을의 상징인 코스모스를 봤어요.

병직 저는 할아버지 산소에 성묘를 갔다가 산에서 뾰족한 잎을 가진 소나무와 잣나무를 보았어요. 그리고 밤나무에서 떨어지는 알밤 가시에 찔리기도 했어요. 또 아기 손바닥 같은 단풍나무, 도토리를 매달고 있는 신갈나무와 떡갈나무, 닭의장풀, 그늘진 곳에서 자라는 고사리와 그늘진 계곡의 바위 표면을 덮고 있는 솔이끼를 봤어요.

제비꼬리샘 서현이와 병직이가 풀과 나무의 특징도 아주 잘 표현했네요. 그럼 들에서 자라는 식물은 어떤 특징이 있는지 이야기해 볼까요?

환규 샘, 들에는 나무도 있지만 민들레나 명아주 같은 키가 작고 가는 줄기의 풀이 많이 자라고 있었어요.

열리 코스모스나 개망초, 애기똥풀처럼 예쁜 꽃을 피우는 식물이 많아요.

태양 풀은 대부분 한해살이식물이 많고, 간혹 두해살이나 여러해살이도 있었어요.

제비꼬리샘 그럼, 산에서 자라는 식물의 특징은 어떤가요?

현준 등산할 때 자꾸 다리에 달라붙는 도깨비바늘 같은 식물 때문에 힘들었어요. 그런데 산에는 이런 풀도 있지만 소나무, 단풍나무,

떡갈나무처럼 키가 크고 줄기가 굵은 나무가 많이 자라고 있어요.

서현 밤나무, 신갈나무, 떡갈나무처럼 열매를 얻거나 소나무, 대추나무 등 목재를 얻는 데 쓰이는 나무들이 많아요.

병직 나무들은 모두 줄기가 굵고 여러해살이이며, 시골 마을 입구에 있는 느티나무는 수백 년 된 것도 많았어요.

제비꼬리샘 모두들 본 것들을 잘 얘기했어요. 여러분이 들에는 풀 종류가 많고 산에는 나무 종류가 많다고 했는데, 그럼 풀과 나무의 특징을 비교해 볼까요?

구분	풀	나무
공통점	뿌리, 줄기, 잎이 있다. 햇빛을 이용하여 스스로 양분을 만들어 살아간다.	
차이점	나무에 비하여 비교적 키가 작다. 줄기가 가늘다. 한해살이와 두해살이가 많으며, 여러해살이도 있다. 관상용, 식용 등으로 사용하기도 한다.	풀에 비하여 비교적 키가 크다. 줄기가 굵다. 모두 여러해살이다. 열매, 목재 등으로 사용하기도 한다.

제비꼬리샘 <u>풀과 나무는 모두 뿌리를 땅속 깊이 내려야 잘 자랄 수 있고, 햇빛을 잘 받을 수 있도록 잎과 줄기를 발달시켜야 잘 자랄 수 있어요.</u> 특히 풀은 키가 작고 줄기가 가늘게 자라기 때문에 키가 큰 나무가 많은 숲보다 들에서 햇빛을 잘 받을 수 있기 때문에 들에서 잘 자란답니다. 숲속의 나무도 다른 나무의 그늘에서는 잘 자라지 못한답니다.

솔이끼

솔이끼 암그루, 수그루

우산이끼

우산이끼 암그루, 수그루

이끼는 그늘지고 습기 많은 곳을 좋아해!

제비꼬리샘 숲속 물가의 바위 표면이나 오래된 나무 표면, 큰 나무 그늘에서는 초록색의 이끼를 흔히 볼 수 있어요. 이끼는 습기가 많고 그늘진 곳에서 잘 자라는 식물이에요. 선생님은 오래된 한옥의 기와나 돌탑에서도 이끼를 본 적이 있어요. 그럴 땐 이 집이나 탑이 오랜 세월을 견뎌 왔구나 하는 생각을 하기도 한답니다. 자, 여러분이 채집한 이끼를 흰 종이에 올려놓고 돋보기나 현미경을 이용하여 관찰해 보세요. 솔이끼와 우산이끼의 생김새는 어떤가요?

태양 솔이끼는 솔잎처럼 뾰족하고 병 청소하는 솔처럼 생겼어요. 잎 길이는 6~8cm 정도입니다. 암그루에는 줄기와 비슷한 긴 대롱이 있고, 그 끝에 홀씨주머니가 달려 있어요. 수그루에는 긴 대롱과 홀씨주머니가 없어요.

서현 우산이끼는 잎사귀처럼 생긴 엽상체 위에 갈라진 우산 모양의 암그루와 펼쳐진 우산 모양의 수그루가 붙어 있어요. 암그루 뒤에는 홀씨주머니가 있고, 그곳에 노란색의 홀씨(포자)가 들어 있어요.

연못이나 강가에는 어떤 식물이 살까?

제비꼬리샘 여러분은 강이나 바다에서 물놀이를 한 적이 있나요?

환규 네! 저는 바다에서 가족들과 해수욕을 했어요. 튜브에 앉아서 파도를 타는 게 무척 재밌었어요.

제비꼬리샘 환규가 재밌게 놀았구나! 그런데 물놀이에 쓰이는 용품들의 특징이 뭘까요?

환규 물에 뜰 수 있도록 고무나 비닐 안에 공기가 들어 있어요.

부레옥잠

부레옥잠의 단면(가로)

부레옥잠의 단면(세로)

 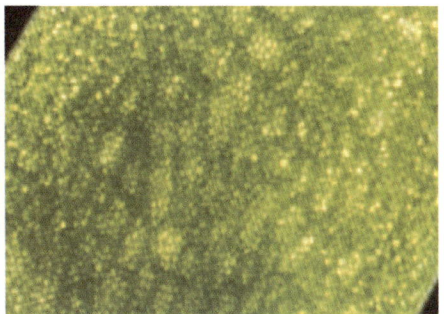

개구리밥 　　　　　　　　　　개구리밥의 스펀지 구조

제비꼬리샘 그럼 물에 뜨는 식물도 어떤 특징이 있을까요?

태양 공기가 들어 있지 않을까요? 부레옥잠도 속에 공기가 들어 있어서 물 위에 떠 있잖아요.

제비꼬리샘 부레옥잠의 잎자루를 가로와 세로로 잘라서 물속에 넣고 손으로 눌러 보세요. 단면이 잘 나타나게 하려면 잘 드는 칼을 써야 돼요. 칼을 다룰 때는 늘 조심하도록!

병직 샘, 잎자루를 잘라 보니 스펀지처럼 생겼어요. 그리고 손으로 눌러 보니까 푹 들어가면서 그 속에서 공기방울이 나와요.

제비꼬리샘 이 실험을 통해 알 수 있는 것은 무엇일까요?

병직 부레옥잠의 잎자루 속에 공기주머니가 들어 있어서 물에 뜰 수 있다는 것을 알 수 있어요.

제비꼬리샘 네. 물 위에 떠서 자라는 식물인 부레옥잠, 개구리밥, 생이가래는 대부분 공기주머니가 있거나 공기가 들어 있는 부분이 있으며, 수염과 같은 뿌리가 있어요.

태양 개구리밥은 올챙이만 먹고 개구리는 안 먹는다고 하던데요.

검정말

부들

제비꼬리샘 오, 태양이 대단한대! 맞아요. 그리고 개구리밥은 공기주머니는 없지만 잎이 스펀지 구조로 생겨서 공기를 많이 담을 수 있어서 물에 뜨는 거예요. 물속에 잠겨서 사는 식물은 검정말, 나사말 등이 있는데, 줄기가 약하며 대부분 잎이 좁고 길어서 물의 흐름에 대한 저항을 작게 하거나 몸을 띄우는 데 이용하지요. 검정말이나 나사말을 물 밖으로 꺼내면 축 늘어진답니다. 또한 잎이 물에 떠서 사는 식물은 수련과 마름 등이 있는데, 물속의 땅에 뿌리를 내리고 잎과 꽃은 물에 뜹니다. 이들의 잎과 꽃은 물 위에 뜰 수 있게 넓거나 둥근 모양으로 되어 있어요. 잎이 물 위로 뻗어서 사는 식물은 연꽃, 부들, 갈대, 줄, 창포 등이 있는데, 뿌리는 물속이나 물가의 진흙 속에 있고, 키가 크고 줄기가 튼튼하며, 줄기와 잎이 대부분 물 위로 뻗어서 자랍니다. 이 식물들은 물가에서 부는 바람을 잘 견뎌 낼 수 있도록 생겼어요.

현준　　　샘, 부들은 꼭 핫도그처럼 생겼어요.

제비꼬리샘　그렇죠? 하지만 핫도그처럼 먹을 수는 없어요.

현준　　　아, 배고파.

특이한 환경에서 살아가는 식물도 있어

높은 산에 사는 식물

제비꼬리샘　여러분은 높은 산꼭대기에 올라가 본 적이 있나요? 선생님은 몇 해 전 1월에 태백산 꼭대기에서 바람에 날아갈 뻔 했답니다. 높은 산에 사는 식물들은 강한 바람이 불고 추운 환경과 눈이 쌓여 있는 환경을 견디기 위해서 줄기가 짧고 땅 위를 기어가듯 자라며, 뿌리를 땅속 깊숙이 박아서 강한 바람을 이겨 냅니다. 두메양귀비, 산솜다리, 눈잣나무, 구상나무 등이 높은 산에 사는 식물이지요.

솜다리

구상나무

사막에서 자라는 식물

제비꼬리샘 식물은 물이 없이는 살 수 없는데, 비도 거의 오지 않는 사막에서 식물들은 어떻게 살아갈까요? 사막은 물이 매우 부족하고 밤과 낮의 기온 차가 크며 온통 모래로 덮여 있습니다. 사막에 사는 식물들은 물이 없는 지형에서도 잘 자라는 식물들입니다. 물의 증발을 막기 위해 줄기가 두껍고 껍질로 싸여 있습니다. 이 줄기에 물을 저장해 오랫동안 살 수 있습니다. 또한 물을 잘 흡수하는 긴 뿌리를 가지고 있습니다. 선인장의 잎은 가시 모양으로 변해 잎에서 새어 나가는 수분의 증발을 억제하고 동물들의 공격도 막을 수 있게 진화했습니다. 기둥선인장, 바오바브나무, 용설란, 다양한 종류의 다육 식물들이 사막에 살고 있어요. 바오바브나무는 어린왕자가 위험한 나무라서 어릴 때 뿌리를 뽑지 않고 놔두면 별이 산산조각 날 거라고 경고했던 그 나무지요. 참 독특하게 생겼지요?

바오바브나무

기둥선인장

바닷가와 갯벌에 적응한 식물들

병직 샘, 이곳이 어디예요?

제비꼬리샘 이곳은 바다를 메워 만든 시화 간척지예요. 이곳은 염분이 많아서 농사짓기에 알맞지 않은 땅이지요.

병직 붉은색 풀이 눈에 띄어요. 이름이 뭐예요?

제비꼬리샘 네, 붉은색 풀은 칠면초라는 식물인데 바닷가에서 무리 지어 자라는 한해살이식물로, 염도가 높은 곳에서만 자라는 식물이에요. 보통 소금기와 모래가 많은 바닷가는 식물이 살기에 적당하지 않은데, 칠면초는 특이하게도 몸속에 염분을 저장하지요. 갯벌처럼 바닷물이 드나드는 지형에서는 바닷물을 빨아들인 다음 소금을 다시 내보내는 나문재, 해홍나물, 칠면초, 퉁퉁마디 등의 식물들이 살고 있어요. 바닷가에 사는 갯메꽃, 털머위, 순비기나무 등은 땅 위를 기어가듯 줄기를 뻗거나 땅속으로 줄기를 내어 바닷바람의 영향을 덜 받아요. 바닷가에 사는 식물은 대부분 두껍고 윤기가 나는 잎을 가지고 있어 강한 빛을 반사한답니다.

시화 간척지의 칠면초

퉁퉁마디

3 식물에게서 배우다

병원에서 맞는 주사, 참 아프지요? 10여 년 전 일본에서 훨씬 덜 아픈 주삿바늘이 개발되었어요. 이것은 모기의 주둥이 모양을 본떠서 만든 주삿바늘이라고 합니다. 사람이 눈치 채지 못하게 살짝 찌를 수 있는 모기의 빨대 주둥이를 주삿바늘에 적용한 것이지요. 이렇게 동물뿐 아니라 식물에게서 배워 활용하는 기술은 훨씬 더 많답니다.

제비꼬리샘 신발 끈 대신 신발을 신고 벗기 편하게 뗐다 붙였다 하는 걸 뭐라고 하는지 아는 사람?

현준 저요! 찍찍이요!

제비꼬리샘 찍찍이가 아니고 벨크로라고 해요. 현준이는 벨크로가 어디에서 힌트를 얻어서 만들어진 것인지 아니?

현준 글쎄요?

제비꼬리샘 왜, 숲에 들어가서 이게 몸에 붙으면 잘 안 떨어지잖아?

현준 아, 도깨비바늘!

제비꼬리샘 맞아요. 도깨비바늘 열매의 끝에는 가시가 있어서 옷에 달라붙어 잘 안 떨어지지요. 도깨비바늘처럼 등산 후 자신의 옷에 달라붙은 우엉가시를 보고 이것에 착안해 스위스의 기술자였던 조지 드 메스트랄이란 사람이 벨크로를 만든 거예요. 벨크로처럼 식물의 생김새나 특징을 이용해서 생활에서 이용하는 경우를 알아볼까요?

환규　　　단풍나무 씨앗! 헬리콥터의 프로펠러처럼 빙글빙글 돌면서 떨어지잖아요.

제비꼬리샘　오, 똑똑한데! 혹시 헬리콥터의 원리를 알아낸 과학자가 누군지 아니?

환규　　　누구예요?

제비꼬리샘　이탈리아의 위대한 화가이자 과학자였던 레오나르도 다빈치. 레오나르도 다빈치는 빙글빙글 돌면서 떨어지는 단풍나무 씨앗을 보고 수직으로 상승하는 기계의 바람개비를 빨리 돌리면 위로 뜰 수 있다고 생각해서 헬리콥터를 고안했다고 해요. 동력이 부족해서 실험은 실패했지만 과학적 원리는 아주 정확했죠. 자, 그리고 방수복은 어디에서 힌트를 얻었을까요? 물이 떨어져도 젖지 않는 잎이 있는데…….

열리　　　힌트 주세요!

제비꼬리샘　지난여름 이 꽃 많이 핀 곳에 구경 갔었죠? 경주 안압지 근처 연못에 잔뜩 피어 있었잖아요.

병직　　　아, 연꽃잎! 연꽃잎에 빗물이 떨어지면 또르르 굴러떨어졌지!

제비꼬리샘　연꽃잎을 현미경으로 확대하면 연꽃잎의 표면에 작고 둥근 돌기가 많이 나 있고, 잔털이 많이 있는 것을 볼 수 있어요. 그리고 연꽃잎 표면을 코팅하고 있는 일종의 왁스 성분이 있답니다. 그 때문에 연꽃잎이 물에 젖지 않는 거예요. 연꽃잎의 이런 성질을 이용해서 방수복이나 방수 페인트를 만들 수 있어요.

현준 와, 진짜 식물은 똑똑해요!

제비꼬리샘 그뿐이 아니에요. 덩굴장미의 생김새를 응용하여 가시철조망을 만들었지요. 사람이나 동물의 접근을 막아야 하는 장소에는 이런 가시철조망을 설치합니다. 이렇게 식물의 생김새를 잘 관찰하면 우리 생활에 쓸모 있는 많은 제품의 아이디어를 얻을 수 있답니다. 그리고 샘이 지난여름 정동진 독립 영화제에 갔었는데, 거기선 말린 쑥으로 모깃불을 피웠어요.

열리 쑥이 그렇게도 쓰여요? 쑥떡만 해 먹는 줄 알았더니…….

제비꼬리샘 그럼요. 그리고 허브나 장미처럼 향기 나는 식물들은 방향제나 향수 등으로 쓰여요. 그리고 여러분이 즐겨 마시는 보리차나 샘이 좋아하는 둥굴레 차는 보리 열매나 둥굴레 뿌리로 만들어요.

서현 식물이 정말 안 쓰이는 데가 없어요.

제비꼬리샘 그럼. 그래서 지구의 대장이 식물이라는 거야.

궁금해요

아스피린이 버드나무에서 나왔다고요?

우리가 감기에 걸려 열이 나고 머리가 아플 때 병원에 가면 흔히 처방받는 약이 아스피린이죠. 텔레비전 광고 등에서 아스피린이라는 이름 많이 들어보셨죠? 아스피린은 열을 낮추고 통증을 가라앉힐 뿐 아니라 혈관 내에서 피가 굳는 혈전을 용해시켜 주는 기능이 있어서 감기, 고혈압, 심장마비, 뇌졸중, 심근경색 등의 질병 치료에 쓰여요. 현대인에게 없어서는 안 될 필수 의약품이지요.

이 약의 성분은 '아세틸살리실산'으로('아스피린'이라는 이름은 제약회사 바이엘에서 만든 상표명임), 우리가 길거리에서 흔히 볼 수 있는 버드나무에서 추출합니다. 사실 버드나무는 동서양을 막론하고 아주 오랜 옛날부터 진통을 다스리는 약으로 사용되고 있었답니다. 고대 이집트에서 기원전 3,000년 전 버드나무를 이용해 진통 및 염증 치료에 사용되었다는 기록이 있고, 기원전 5세기경 고대 그리스의 의사 히포크라테스도 통증을 호소하는 환자들에게 버드나무 가지를 씹게 하여 통증을 치료했다고 합니다. 중국에서는 버드나무를 고혈압, 신경통, 오십견, 치주 질환 등의 치료에 썼다는 기록이 남아 있고, 또 논밭의 가장자리에 버드나무를 심어 병충해를 예방했었다고 합니다. 일종의 천연 농약인 셈이네요. 우리나라에서는 예로부터 버드나무 가지 끝을 씹어 칫솔처럼 만들어 이를 닦았답니다. 이도 닦고 질병 치료도 하는 조상들의 지혜를 엿볼 수 있어요. 이렇게 예로부터 진통 치료 등에 사용하던 버드나무를 본격적으로 치료약으로 이용한 것은 19세기경 나폴레옹 전쟁 무렵부터라고 합니다. 전쟁 탓에 진통제가 많이 필요했었기에 당시의 과학자들은 버드나무를 이용해 대량으로 약 성분을 추출

펠릭스 호프만

했었답니다. 이를 1899년 독일의 제약회사 바이엘의 직원이었던 펠릭스 호프만이라는 사람이 아세틸살리실산 정제로 개발한 것이 바로 현대의 '아스피린'이랍니다.

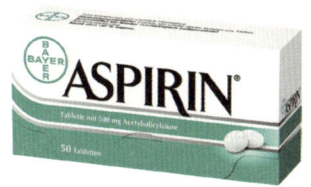

아스피린

이 밖에 자연에서 얻은 가장 대표적인 의약품은 페니실린입니다. 페니실린은 항생제입니다. 항생제란 병균이나 미생물을 죽이거나 억제시키는 약품을 말합니다. 병에 걸리고 염증이 생기면 먹는, 사람에게 없어서는 안 될 아주 유용한 약이랍니다. 페니실린이 없던 수백 년 전의 인간 평균수명은 30살 정도였다고 해요. 이렇게 평균

느티나무

수명이 짧았던 가장 큰 이유는 당시에는 콜레라, 홍역, 이질 등의 전염병에 걸려도 치료 방법이 없었기 때문에 일단 병에 걸리면 대부분 사망했기 때문이랍니다(10세 이전에 반 정도가 사망). 그래서 전체 평균수명은 그만큼 줄어들 수밖에 없었던 것이지요. 하지만 1928년 영국의 알렉산더 플레밍이 푸른곰팡이에서 항생, 항균물질을 발견한 이후 과학자들이 연구에 연구를 거듭해 항생물질 페니실린을 추출해 치료약으로 사용한 이후부터는 사람의 평균수명을 획기적으로 늘릴 수 있게 되었답니다. 페니실린은 푸른곰팡이의 일종인 페니실리움 노타툼에서 추출합니다.

사실 아스피린과 페니실린 말고도 많은 의약품을 박테리아 및 미생물 등 동식물에서 추출하고 있답니다. 미국에서 사용되는 의약품 중 약 30% 이상이 식물에서 추출한 약성분이고, 미생물을 이용해 약 3,000여 종의 항생제를 생산하고 있다고 합니다. 지구에 산소를 공급하고 이산화탄소를 흡수하고 뿌리에 물을 머금어 홍수 등 천재지변을 예방하고 사람에게 꼭 필요한 약까지 제공하는 식물, 정말 지구의 대장답죠?

6장. 지표의 변화

1. 흙이 없으면 나도 없어!
2. 산과 강은 어떻게 변화되었을까?

1 흙이 없으면 나도 없어!

사람은 흙에서 태어난다는 말 들어 보셨나요? 네, 사람뿐 아니라 육지에 모든 살아 있는 생물들은 흙에서 태어나는 셈입니다. 더 정확히 말하면 땅에 사는 모든 생물은 자기가 태어난 장소의 흙의 성분과 환경이 만들어 내는 것이라고 볼 수 있습니다.

여러 곳의 흙은 어떻게 다를까?

운동장에선 아이들이 축구를 하느라 왁자지껄합니다. 어젯밤에 비가 왔지만 운동장의 모래는 물이 잘 빠져서 아침 햇살에 뽀송뽀송 말라 있습니다. 간혹 물이 고인 웅덩이로 축구공이 굴러가면 흙탕물에 젖기도 합니다. 운동장에서는 식물이나 곤충을 볼 수가 없어요. 오직 뛰어다니는 아이들만 보입니다. 운동장 흙은 대부분 모래로 되어 있어서 알갱이의 크기가 비교적 굵고 밝은 갈색을 띠며 까끌까끌하답니다. 그래서 손에 쥐면 잘 뭉쳐지지 않고, 주르륵 손가락 사이로 흘러내려요. 모래시계 속의 모래처럼.

화단에서 지렁이가 꿈틀꿈틀 기어갑니다. 흙 속의 영양분을 먹고 분변토를 내보냅니다. 옆에서 백일홍이 지난밤 내린 빗물을 빨아들이고, 초록 잎에 생기가 돕니다. 나비는 꽃가루를 먹느라 이리저리 분주히 날아다니고, 호랑나비 애벌레는 초록 잎으로 맛있게 점심식사 중입니다. 화단 흙에

는 썩은 낙엽이나 죽은 곤충, 여러 가지 영양분이 섞여 있어서 색깔도 어두운 편이며, 식물이 자라기 알맞고 식물을 먹이로 하는 여러 동물들이 살 수 있습니다. 화단 흙은 부드러운 흙과 작은 자갈 등 여러 가지 종류의 알갱이로 이루어져 있어요. 손에 쥐면 잘 뭉쳐지지요.

교실에는 아이들이 진흙으로 여러 가지를 만들고 있어요. 진흙은 붉은 갈색을 띠고 알갱이가 매우 곱고 서로 잘 엉겨 붙는 성질이 있어서 컵과 그릇 같은 도자기를 만들거나 물체의 모양을 만들기에 좋아요. 오늘 아이들은 진흙으로 신라시대 토기 만들기를 하고 있네요. 진흙은 마르면 단단해져서 물이 새지 않는 그릇을 만들 수 있어요. 그래서 글자가 만들어지기 전인 선사시대 사람들도 이런 진흙으로 토기를 만들어 썼답니다.

만약에 화단에 모래나 진흙을 넣어 식물을 심고, 운동장에 화단 흙이나 진흙과 같은 흙을 덮는다면 어떨까요?

낙엽이나 죽은 곤충, 여러 가지 영양분이 있는 화단 흙에 비해 모래는 물이 금방 빠지고 영양분이 없어서 식물이 자라기 어려울 거예요. 또 진흙은 굳으면 단단해져서 물이 빠지지 않아 식물의 뿌리가 말라죽거나 지렁이와 같은 곤충들이 흙 속으로 다닐 수 없고, 개미도 땅속에 집을 지을 수 없어요. 운동장에 모래 대신 화단 흙이나 진흙이 깔려 있다면 비가 한 번 오면 물을 오래 머금고 있어서 진창이 되어 버리겠죠? 그래서 아무리 간이 큰 남학생이라 하더라도 엄마의 잔소리 때문에 축구를 하기 어려울 거예요. 생각해 보세요. 비온 뒤 진흙탕 속에서 축구를 하면 어떻게 되겠나?

실험: 흙의 물 빠짐 비교하기
· 준비물 : 모래가 많이 섞인 흙, 진흙이 많이 섞인 흙, 화단에서 가져온 흙, 스탠드, 물 빠짐 장치, 비커, 물, 거즈, 고무줄, 초시계 등
· 실험 조건 : 흙의 양과 물의 양, 플라스틱 통의 크기와 높이, 물을 붓

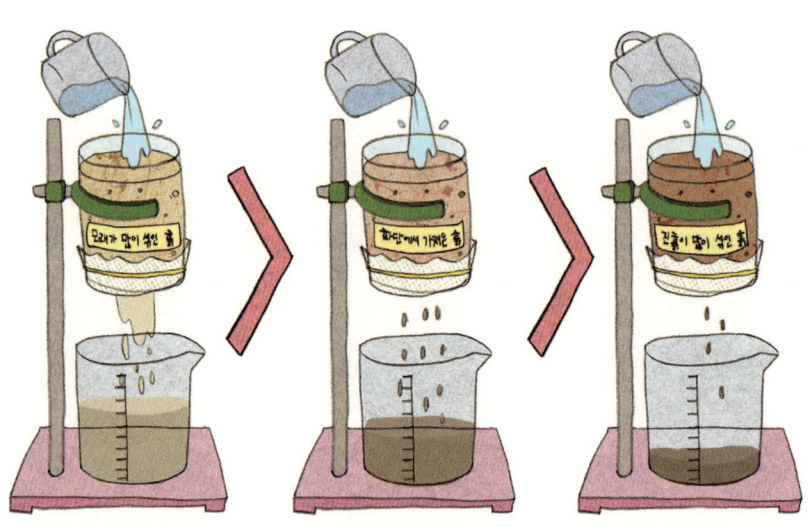

는 빠르기, 거즈의 종류를 같게 한다.
· 실험 방법 : 채집통에 같은 양의 흙을 넣고, 아래쪽에 거즈를 고무줄로 묶는다. 채집통을 스탠드에 고정시킨 다음 아래쪽에 비커를 받치고, 위쪽에서 같은 양과 빠르기로 물을 붓는다. 먼저 물이 50mL가 모일 때까지 시간을 잰다.
· 실험 결과 : 모래가 많이 섞인 흙 > 화단에서 가져온 흙 > 진흙이 많이 섞인 흙의 순서로 물이 빨리 빠진다.

식물은 어떤 흙에서 잘 자랄까?

제비꼬리샘 여름이 지나고 철 지난 바닷가에서 본 재미있는 장면이 잊히지 않아요. 사람들이 쉬어 가던 평상 아래에 많은 수박 싹이 돋아나 있는 거예요. 네, 맞아요. 사람들이 먹고 버린 수박씨에서 싹이 난 거지요. 그런데 그 수박 싹들은 어떻게 되었을까요? 모래사장에 수박이 자란다면 사람들은 모래사장에도 씨를 뿌리겠죠? 그러나 그 어린 수박 싹은 더 이상 자랄 수 없어요. 왜일까요? 논에는 벼들이 익어 가고, 숲에는 아름드리나무들과 꽃과 풀들이 어우러져 숲 생태계를 이루고 있지요. 학교의 화단에서도 풀과 나무를 볼 수 있어요. 하지만 운동장 모래와 바닷가 모래사장에서는 식물이 잘 자라지 않는답니다. 어떤 차이가 있을까요? 다음 실험을 통해 알아봅시다.

실험: 식물이 잘 자랄 수 있는 흙 알아보기

· 준비물 : 화단 흙, 운동장 흙, 비커 2개, 약숟가락, 돋보기, 핀셋, 물, 유리 막대

· 실험 조건 : 물과 흙의 양은 같게, 흙의 종류는 다르게 한다.

· 실험 방법 : 비커 2개에 같은 양의 흙과 물을 넣은 다음, 유리 막대로 젓고 변화를 관찰한다. 위에 뜬 것을 핀셋으로 건진다.

· 실험 결과 : 화단 흙이 든 비커에는 물 위와 물속에서 나뭇가지, 잔뿌리, 나뭇잎, 작은 곤충 등 여러 가지 물질을 볼 수 있지만, 운동장 흙에서는 다른 물질을 거의 볼 수 없다.

· 실험을 통해 알 수 있는 점 : 부유물이 많은 화단 흙은 부유물이 썩으면 거름이 되어 식물이 잘 자랄 수 있는 흙이다. 그러나 운동장 흙에는 부유물이 없어서 식물이 자라는 데 필요한 거름을 만들 수 없기 때문에 식물이 잘 자라지 않는다.

바윗돌이 흙이 되기까지

제비꼬리샘 다 같이 〈바윗돌 깨뜨려〉 노래를 불러 봅시다.

다 같이 바윗돌 깨뜨려 돌덩이, 돌덩이 깨뜨려 돌멩이, 돌멩이 깨뜨려 자갈돌, 자갈돌 깨뜨려 모래알, 라라~ 라라라~ 라라라~ 라라~

제비꼬리샘 이 노래에선 바윗돌이 점점 작아져서 모래가 되잖아요? 이렇게 바위처럼 단단한 암석이 흙으로 변하려면 어떤 일이 있었을까요?

열리 노랫말처럼 깨져서 작아질 것 같아요.

제비꼬리샘 그렇죠. 암석은 서로 부딪혀서 깨지기도 하고, 사람이 필요에 의해서 깨뜨리기도 해요. 그런데 바위가 어떻게 잘게 부서질까요? 혹시 '낙석 주의'란 표지판을 본 적이 있나요? 산을 깎아서 만든 도로를 지나다 보면 종종 볼 수 있어요. 낙석은 말 그대로 돌이 떨어진다는 뜻인데, 봄철에 많이 발생하지요. 바위틈으로 물이 새어 들어가면 바위에 섞여 있는 광물 성분을 녹이기도 하고, 물이 얼어서 부피가 커지면 바위 사이를 갈라지게 합니다. 물이 얼었다 녹았다 반복하면서 바위 사이의 틈이 점점 더 벌어져서 결국 깨어지는 것이죠. 겨울이 지나고 봄이 오면서 얼었던 것이 녹으면서 바위가 깨져서 도로 위로 굴러 떨어지면 지나다니는 차에 큰 위험이 되니까 이런 표지판을 세워 두는 거예요.

서현 그럼 바위가 깨져서 잘게 부서지는 데 물이 가장 큰 역할을 하는 거네요?

풍화작용   압력 차에 의한 풍화작용(박리작용)

제비꼬리샘 그렇죠. 물 말고도 나무뿌리 등이 바위틈을 파고 들어가서 바위틈을 벌려 놓기도 하고, 건조한 사막 지방처럼 밤낮의 기온차 때문에 바위가 수축과 팽창을 반복하면서 깨지기도 하지요. 또 땅속에 있던 바위가 지표면으로 나오면서 압력이 줄어들어 부피가 늘어나면서 양파 껍질처럼 벗겨져서 깨지기도 해요. 이처럼 지표에 드러나 있는 바위가 물, 온도 및 압력의 변화, 생물의 작용 등으로 잘게 부서지거나 분해되는 작용을 풍화작용이라고 합니다.

환규 샘, 대리석 조각들이 산성비에 녹아서 떨어져 나가는 것도 풍화작용이라고 할 수 있나요?

제비꼬리샘 그럼요. 그리고 지하수 속에 녹아 있는 이산화탄소에 석회암이 녹아서 생긴 석회동굴도 풍화작용의 예라고 할 수 있지요. 바위의 모양이 기기묘묘하게 바뀌니까요. 여러분도 경상북도 울진이나 강원도 삼척 지방에서 이런 다양한 모양을 한 종유석이나 석순, 석주 등을 봤을 거예요.

실험: 풍화작용 알아보기

· 준비물 : 얼음 설탕, 페트리접시, 물, 플라스틱 통, 스포이트

· 실험 방법 1 : 얼음 설탕을 플라스틱 통에 1/4 정도 넣고 뚜껑을 잘 닫은 다음 통을 흔들어 준다.

· 실험 결과 : 가루가 생기고, 날카로운 모서리도 둥글게 변한다.

· 실험 방법 2 : 페트리접시에 놓은 얼음 설탕 위에 물을 떨어뜨린다.

· 실험 결과 : 얼음 설탕이 녹아 점점 작아진다.

· 실험을 통해 알 수 있는 점 : 얼음 설탕의 알갱이가 작아지는 것을 통해 바위나 돌이 서로 부딪히거나 물에 의해 쪼개져서 작은 돌이 되는 것(풍화작용)을 알 수 있다.

흙은 나에게 어떤 존재일까?

제비꼬리샘 오늘은 역할극으로 흙의 중요성을 알아보도록 합시다. 열리가 할머니, 환규가 고구마, 병직이가 두더지, 태양이가 개미, 현준이가 참새 역할을 해 볼까요?

환규 난 고구마야. 흙이 없으면 나는 양분을 얻을 수 없고, 뿌리를 내릴 수도 없어.

병직 난 두더지야. 난 흙을 파서 흙 속에 집을 짓고 흙 속에서 먹이를 구해. 흙이 없으면 난 살 수가 없어.

태양 난 개미야. 난 흙 속에 집을 짓는데, 흙이 없으면 집을 지을 곳이 없어.

현준 짹짹짹! 나는 참새야. 흙이 없으면 식물이 자라지 못하고, 식물에서 먹이를 얻는 곤충들도 없어서 곤충이나 곡식의 열매를 주로 먹는 나는 먹이가 없어 굶어 죽고 말거야. 짹짹!

열리 에구에구, 나는 할머니라우. 흙이 없으면 농사도 지어 먹을 수 없고, 채소도 심을 수 없어서 나도 먹고살기 힘들어.

열리의 실감 나는 할머니 연기에 아이들의 웃음이 터집니다.

제비꼬리샘 여러분, 참 잘했어요! 이렇게 흙은 지구의 표면을 덮고 있을 뿐 아니라, 지구상의 생물이 자라는 터전이기도 합니다. 그런데 이렇게 바위가 흙이 되기까지는 수백 년이나 수천 년의 매우 오랜 시간이 걸리지요. 그래서 흙이 폭우에 떠내려가거나

오염되지 않도록 잘 보호해야 합니다. 흙이 떠내려가지 않도록 하려면 나무를 심어야 해요. 나무뿌리는 많은 양의 물을 머금을 수 있기 때문에 갑자기 많은 비가 내려도 산사태가 일어나 흙이 쓸려 내려가지 않도록 해 준답니다. 또한 흙이 오염되지 않도록 화학약품이나 농약을 쓰지 않고, 비닐 등 썩지 않는 쓰레기를 버리지 않아야 합니다. 최근에는 일본의 후쿠시마 원자력 발전소 사고로 인한 방사능 오염으로 토양이 돌이킬 수 없이 오염된 경우도 있었어요. 이렇게 한번 오염된 흙은 원래 상태로 되돌리기 매우 어렵기 때문에 오염되지 않도록 조심해야 하겠지요.

2 산과 강은 어떻게 변화되었을까?

산과 강과 들은 비록 시간이 많이 걸리지만 계속 조금씩 움직여지면서 새로 만들어지고 또 변하고 있습니다. 산과 강, 들이 어떤 과정을 거쳐 어떻게 변화하는지 알아볼까요?

비가 운동장에 지도를 그렸어

　비가 오는 날 제비꼬리샘은 아이들을 데리고 운동장에 나왔어요. 오늘은 비가 운동장에 그리는 흔적을 관찰하려고 해요. 평소에는 말라 있고 편평하던 운동장이 군데군데 파였어요. 파인 곳에는 빗물에 씻겨 온 모래와 흙이 섞여 흙탕물로 고여 있네요. 미리 준비해 온 장화를 신은 아이들은 첨벙첨벙 흙탕물을 튕기며 신이 났어요. 빗물이 흐른 흔적을 따라가며 관찰하는 아이들도 있고, 우산을 받치고 두꺼비집을 만드는 아이들도 있네

요. 환규네 모둠은 아예 모래사장에 성을 쌓고 빗물이 흐르는 물길을 만들고 있어요. 하늘에서 내리는 빗물은 투명하지만, 빗물은 땅에서 흐르면서 진흙과 모래 알갱이를 싣고 가네요. 흙탕물도 우리는 두렵지 않아요. 미리 버려도 괜찮은 옷을 준비했거든요.

강 주변의 지형은 어떠할까?

제비꼬리샘 강물은 어떻게 흘러갈까요? 산꼭대기에서 물을 부으면 어디로 흘러갈까요?

현준 그야 아래로 흐르지요.

제비꼬리샘 왜?

현준 물이 아래에서 위로 흐르는 경우는 본 적이 없거든요. 펌프로 퍼 올리기 전에는.

제비꼬리샘 그건 지구의 중력 때문에 그래요. 원래 중력이란 것은 서로 끌어당기는 힘인데, 지구의 힘이 워낙 세니까 지구 위의 모든 물체는 지구 중심을 향해 떨어지게 되어 있죠. 이렇게 당연한 것도 질문하는 태도를 지닙시다, 여러분!

병직 아, 쌤! 뭐예요? 큭큭!

제비꼬리샘 비가 내리면 산꼭대기의 흙이 깎여서 물과 함께 운반되고, 아랫부분에 쌓이게 되지요. 샘이 젊은 시절 지리산으로 등산을 갔다 내려오던 날이었는데, 전날 비가 많이 왔어요. 산꼭대기에서부터 빗물이 운반한 흙 때문에 계곡물이 흙탕물이 되었고, 물도 몇 배로 불어나 있었지요. 저마다 나뭇가지를 붙잡고

	계곡을 건네주던 기억이 나요. 자칫하면 물귀신이 될 뻔 했지요.
열리	그때 떠내려가셨으면 샘을 못 볼 뻔 했네요. 천만다행이에요!
제비꼬리샘	그해 여름에 큰 물난리가 나고 나서 가을에 다시 계곡을 찾았더니 계곡 바닥이 많이 파여서 군데군데 등산로가 없어진 곳이 있었어요. 이처럼 흐르는 물은 지표 위의 돌과 흙을 깎으면서 끊임없이 지표(땅의 겉면)의 모습을 변화시키고 있어요. 하지만 변화 속도가 느리기 때문에 눈으로 그 변화를 바로 알기는 힘들죠. 여러분은 사행천이라는 말을 들어 본 적 있어요?
태양	뱀처럼 구불구불한 강을 말하는 거지요?
제비꼬리샘	네, 맞아요. 경상북도 예천에는 한반도 지도 모양의 사행천이 있어요. 뱀이 움직이는 것처럼 생겼다고 해서 사행천이라고 해요. 구부러진 쪽의 안쪽은 물이 흐르는 속도가 느리고, 바깥쪽은 빠르기 때문에 안쪽에는 주로 퇴적작용이 이루어지고, 바깥쪽은 침식작용이 이루어지죠. 그래서 점점 더 구불구불한 모양이 되는 기랍니다.
제비꼬리샘	계곡물과 시냇물들이 모여서 큰 강으로 흐르는데, 한강처럼 큰 강도 산꼭대기에서 시작됩니다. 한강의 발원지(시작된 곳)는 어디일까요?
서현	태백산 검룡소!
제비꼬리샘	네. 그곳이 바로 한강의 상류라고 할 수 있어요. 그럼 강의 상류, 중류, 하류에서 볼 수 있는 것들을 알아볼까요?

사행천(경북 예천 회룡포)　　　　　태백산 검룡소

강의 상류

계곡과 폭포를 볼 수 있고, 강폭이 좁고 경사가 급해서 유속이 빨라 강바닥이나 주변이 많이 파인다. 큰 바위나 돌을 주로 볼 수 있고, 거칠고 모가 많다. 침식작용이 활발하게 일어난다.

강의 중류

강폭이 넓어지고 경사는 상류만큼 급하지 않다. 물의 양은 많지만 바닥이나 주변이 많이 파이지 않는다. 둥근 자갈과 모래를 주로 볼 수 있고, 퇴적작용과 침식작용이 활발하게 일어난다.

강의 하류

강폭이 더욱 넓어지고 경사가 완만해진다. 흐르는 강물의 양이 매우 많아서 작은 돌들과 고운 모래를 주로 볼 수 있다. 상류에서 중류를 거쳐 오는 동안 강물이 싣고 온 흙이 물의 흐름이 느려지면서 바닥에 많이 쌓이므로 퇴적작용이 활발히 일어난다.

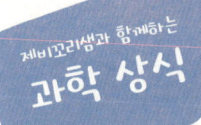
제비꼬리샘과 함께하는
과학 상식

침식과 퇴적
흐르는 물이나 대기의 움직임으로 지표가 깎이는 현상을 '침식'이라고 하고, 침식된 물질이 강바닥이나 바다 밑에 쌓이는 것을 '퇴적'이라고 해요.

바닷가에서 볼 수 있는 지형을 알아볼까?

제비꼬리샘 동해 바다는 깎아지른 절벽과 넓은 모래사장 때문에 풍경도 아름답고 여름에 해수욕을 하러 가는 사람도 많지요. 여러분도 지난여름에 해수욕 많이 했어요?

열리 저는 가족들과 울산 진하의 몽돌 해수욕장에 가서 놀았어요.

제비꼬리샘 열리가 까맣게 탄 이유가 있었구나. 몽돌 해변은 동글동글하고 까만 자갈돌이 파도에 부딪힐 때 내는 소리가 참 듣기 좋아요. 그럼 바닷가에서 볼 수 있는 독특한 지형을 알아볼까요?

환규 저는 바다 쪽으로 튀어나온 절벽에 동굴이 있는 것을 봤어요.

제비꼬리샘 환규가 잘 봤군요. 그것을 해식동굴이라고 해요. 바다 쪽으로 튀어나온 지형은 파도의 영향을 많이 받기 때문에 파도의 침식작용으로 절벽이나 이런 독특한 모양의 동굴이 생기기도 합니다. 변산반도 채석강에도 이런 해식동굴이 많아요.

병직 저는 안쪽으로 들어간 곳에서 넓은 모래사장을 보았어요.

제비꼬리샘 그래요. 병직이 말처럼 파도가 세게 치지 않는 안쪽으로 들어간 곳에는 모래사장이나 갯벌이 발달해요. 이곳은 바닷물과 파도에 실려 온 모래나 자갈의 퇴적작용이 활발하게 일어나는 곳이죠. 울릉도나 백령도에서 볼 수 있는 기이한 모습의 바위는 처음에는 하나의 땅이었으나 파도에 의해 깎여 나가 섬처럼 보이게 된 것이랍니다. 이런 바위를 보면 파도가 미켈란젤로나 로댕보다 위대한 조각가라는 생각이 들지요.

침식과 퇴적이 만든 예술 작품

사막의 사구

카파도키아-요정의 굴뚝

브라이스 캐니언

궁금해요

땅(흙)은 무엇으로 만들어졌을까요?

산과 들, 사방을 둘러봐도 이 세상은 온통 흙, 흙입니다. 그런데 대체 흙은 무엇으로 만들어져 있을까요? 그 주성분은 무엇이며, 어떤 원소들의 혼합물일까요?

네. 흙은 각종 원소(원자)들과 유기물(생명체의 활동으로 만들어진 물질)로 이루어져 있습니다. 흙의 성분 중에 가장 많이 차지하는 것은 규소입니다. 지표면 흙 속의 약 52%를 차지한다고 해요. 그 다음은 알루미늄으로 약 15.1%, 그 다음은 철로 약 9.4%, 칼슘 약 6.7%, 나트륨 약 5.2%, 칼륨 약 4.9%, 그 외 마그네슘 및 기타 유기화합물 등입니다.

지표를 이루고 있는 물질은 대부분이 암석입니다. 돌은 암석들이 지구 환경의 오랜 기간에 걸친 풍화작용 및 지각변동 등에 의해 잘게 쪼개진 것이며, 그 크기에 따라 큰 것을 바위, 작은 것을 자갈이라고 부르는 것이랍니다. 그렇다면 암석은 어떤 종류가 있을까요? 암석은 크게 3종류로 분류해요. 화산활동에 의해 만들어진 '화성암', 암석 조각들이 쌓여서 굳은 '퇴적암', 화성암이나 퇴적암이 겹겹이 쌓여 높은 압력과 열로 변성되어 만들어지는 '변성암'이 그것이지요. 화성암에서 대표적인 것은 건축공사의 바닥이나 비석 등의 용도로 많이 사용하는 화강암과 화산섬 제주도에서 많이 볼 수 있는 검은회색 돌 현무암이고, 퇴적암은 분필을 만들거나 철강석을 제련할 때 쓰이는 석회암, 변성암은 가공할 경우 무늬가 예뻐 돌 공예품에 많이 사용하는 대리석 등이 있습니다.

바닷가나 강가에 가면 모래가 참 많지요. 모래는 기본적으로 잘게 부스러진 돌의 가루라고 생각하시면 됩니다. 강가나 바닷가에 모래가 많은 이유는 아주 긴 시간 동안 강물이 흐르고 파도가 치면서 돌을 움직여 돌끼리 서로 부딪혀 잘게 부스러졌기 때문이랍니다. 흙도 돌도 모래도 기본

적으로 그 구성 성분은 흙과 크게 다르지 않습니다. 흙은 긴 세월 동안 아주 잘게 부서진 돌가루와 다양한 동식물들의 산화 유기물이 섞여 있는 일종의 혼합물인 것이죠.

그런데 흙 색깔을 보면 붉은색과 황갈색 계통으로 아주 다양하지요? 이건 또 왜 그럴까요? 네, 흙의 색깔에 가장 큰 영향을 주는 것은 흙에 포함되어 있는 철(제2산화철)의 양이랍니다. 여러분은 집에서 녹슨 못을 보셨지요? 녹은 빨갛습니다. 이 빨간 녹의 정체는 산소와 철이 결합한(산화) 제2산화철인 것입니다. 흙 속에 빨간색인 제2산화철 성분이 많으면 마치 흙에 빨간색 물감을 많이 탄 것처럼 색깔이 빨갛게 되는 것이지요. 빨간색 흙 하면 황토가 떠오르죠? 이제 황토가 왜 빨간색인지 짐작이 가지요?

스스로 불타지 않는 태양계 행성 중에도 붉은색 별이 있습니다. 바로 화성입니다. 밤하늘에 유난히 밝게 빛나는 별 중에서 붉은색 별이 보인다면 아마도 화성일 것입니다.(흐리게 보이는 별 중에 붉은색 별은 적색외성일 수 있습니다) 그렇다면 화성의 지표면은 왜 빨갛게 되었을까요? 네, 앞에서 말한 것처럼 화성의 토양 표면에 산화철이 많기 때문입니다.

화성 착륙 탐사선 스피리트호가 찍은 화성 표면 사진

7장. 화산과 지진

1. 불을 뿜는 화산
2. 땅이 흔들리는 지진

1 불을 뿜는 화산

화산(Volcano)은 로마신화의 불의 신 불카누스(Vulcanus)에서 유래했다고 해요. 그럼, 우리가 살고 있는 지구 이곳저곳에서 지금도 쉴 새 없이 일어나고 있는 화산활동의 원인과 화산의 종류 등에 대해 자세히 알아볼까요?

화산활동은 왜 일어날까?

태양   현준아, 얼굴이 왜 그래? 뭐 안 좋은 일 있었어?

현준   내가 엊저녁에 알람을 맞춰 놨는데, 글쎄 오후 7시에 맞춰 놓은 거야. 늦잠 자서 숙제도, 준비물도 못 챙겼어. 머리가 폭발할 것 같아!

그때 마침 제비꼬리샘이 폭탄 머리를 하고 씩씩거리며 들어오셨습니다.

제비꼬리샘   아침에 자전거를 타고 오는데 도로 공사로 자전거 길을 온통 다 파헤쳐 놓은 데다 신호등도 계속 빨간불에 걸려서 지각을 했지 뭐냐! 으……, 뚜껑 열리기 직전이야!!

서현   샘, 진정하시고 우리 공부해요.

범생이 서현이가 재촉합니다. 오늘 수업의 주제는 화산입니다.

제비꼬리샘 여러분도 가끔 머리에서 김 날 때가 있지요? 자, 오늘은 땅에서 연기가 나고 불꽃놀이처럼 시뻘건 용암이 솟구치기도 하는 현상, 즉 화산에 대해 알아봅시다. '화산(Volcano)'이라는 이름은 로마신화에 나오는 불의 신 '불카누스(Vulcanus)'에서 유래했어요. 불카누스는 신들의 대장장이로, 그리스신화에서는 '헤파이스토스'라는 이름으로도 나와요. 화산이 폭발하고 용암이 흘러내리고 불과 번개를 만드는 모든 일이 불카누스의 활동으로 생겨났다고 옛 그리스, 로마 사람들은 믿었어요.

병직 선생님, 그런데 화산은 왜 생기는 거예요?

제비꼬리샘 여러분은 지구의 안을 들여다본 적이 있나요? 당연히 없겠죠? 지구의 가장 바깥쪽부터 지각과 맨틀, 외핵과 내핵으로 이루어져 있어요. 지구 내부 그림을 보면서 알아볼까요? 첫 번째 지각은 우리가 발을 딛고 있는 부분입니다. 아주 딱딱한 암석으로 이루어진 부분으로, 대륙지각은 40km 정도이고, 해양지각은 6~10km 정도라고 합니다. 두 번째 맨틀은 지각 바로 다음 층으로, 아주 뜨거워서 암석이 녹아서 죽 같은 액체 상태로 존재하는데, 이것을 마그마라고 해요. 뜨거운 내핵과 외핵의 열이 마그마를 데워서 대류운동이 일어나지요. 마그마가 움직이면 맨틀 위에 떠 있는 지각 판들이 영향을 받아서 움직이게 됩니다. 이것을 판구조론이라고 하는데, 판과 판들이 밀고 당기는 엄청난 압력 때문에 약해진 지각의 가장자리에서 화산 폭발이 일어나게 되는 거예요. 이때 지각의 틈새를 뚫고 땅 위로 나온 마그마를 용암이라고 하지요.

태양 선생님, 모든 화산이 다 불을 뿜는 건 아니죠?

제비꼬리샘 그럼. 우리 반 아이들을 예로 들어 볼까요? 늘 폭발할 준비를 갖추고 조금만 건드리면 폭발하는 환규 같은 화산을 활화산이라고 하고, 잘 참다가 어쩌다 한 번씩 폭발하는 열리 같은 화산을 휴화산이라고 합니다. 그리고 옆에서 아무리 괴롭혀도 끄떡도 않는 서현이 같은 화산을 사화산이라고 해요. 사화산은 더 이상 화산활동을 하지 않는 화산이라는 뜻이지요.

환규 얼굴이 다시 붉어지며 폭발의 조짐이 나타납니다.

여러 가지 모양의 화산이 있어

제비꼬리샘 그럼 한걸음 더 나가서 화산의 여러 가지 모양을 알아볼까요?

화산의 모양은 크게 세 가지로 나눌 수 있어요. 마그마의 점성이 작아서 물처럼 잘 흐르는 화산은 방패를 엎어 놓은 모양의 순상화산을 만들어요. 그리고 유동성이 큰 용암이 많은 양이 나오면 평평한 대지를 만드는데, 이것을 용암대지라고 해요. 순상화산과 용암대지를 이루는 화산암은 대체로 점성이 작은 현무암으로 이루어져 있지요. 마그마의 점성이 커서 꿀처럼 끈적끈적하게 뭉치는 용암은 멀리 가지 못해서 원뿔 모양의 화산을 만드는데, 이것을 원추화산이라고 해요. 점성이 큰 화산은 폭발하듯이 분화하는 특징을 갖고 있어요. 또한

순상화산(하와이 마우나케아)

용암대지

원추화산(필리핀 마욘)

혼합화산(이탈리아 에트나)

꼭대기에 작은 화구가 있는 것이 특징입니다. 또 여러 가지 화산 지형이 섞여 있는 혼합화산도 있지요. 화산의 모양에 따라 앞의 사진처럼 세계의 화산을 분류할 수 있어요. 또 바다에서도 화산 폭발이 일어나는데, 보통 수천m 아래에서 활동하는 화산이라서 수압(물속에서 물체에 작용하는 압력) 때문에 폭발적인 분출은 일어나지 않아요.

화산이 분출할 때 뭐가 나오지?

'에췌췌~!' 갑자기 병직이가 재채기를 하니 침이 사방으로 튀었습니다.

제비꼬리샘 병직이가 재채기를 하면 침이 튀듯이 화산도 폭발할 때 여러 가지 내용물이 밖으로 나오는데, 이것을 화산분출물이라고 해요.

병직 에이, 샘! 창피하게…….

열리 크크크. 샘, 화산분출물에는 뭐가 있어요?

제비꼬리샘 여러분은 〈볼케이노〉나 〈폼페이 최후의 날〉 같은 영화를 본 적이 있나요? 그 영화에서 본 것을 얘기해 볼까?

태양 검붉은 용암이 흘러내리고 산불도 나고, 하늘이 컴컴해지면서 재가 막 떨어지고 가스도 나오고 그랬어요.

제비꼬리샘 네, 그래요. 태양이가 말한 것처럼 화산분출물은 고체, 액체, 기체 상태로 나눌 수 있어요. 고체 화산분출물은 크기에 따라 화산진, 화산재, 화산력, 화산암괴로 나눌 수 있고, 액체 상태의 분출물은 용암, 기체 상태의 분출물에는 화산가스가 있어요. 용암은 검붉은 색을 띠고, 마치 녹은 초콜릿처럼 보여요. 용암의 온도는 1,100℃가 넘기 때문에 산불을 일으키고, 지나가는 모든 것을 다 태운답니다. 식으면 검은색의 단단한 돌이 되지요. 해저화산에서 분출하는 용암은 해저의 갈라진 틈 사이로 나오며, 바닷물 때문에 빨리 식어 주머니 모양의 흔적을 남기는데, 이것을 베개용암이라고 하지요. 물론 이걸 베고 잘 수는 없겠지요? 자, 그럼 이제 여러분 눈으로 직접 화산분출물을 보고, 손으로 만져 볼까요? 물론 용암은 만질 수 없답니다. 하하하!

태양 선생님! 용암이 식은 건 만질 수 있어요!

제비꼬리샘 그렇고말고요. 그럼, 화산 암석 중에서 하얀색의 암석을 물에다 넣어 보세요.

부석　　　　　　　흑요석　　　　　　　화산재

현준　어, 이거 물에 떠요!

제비꼬리샘　신기하죠? 물에 뜨는 흰색의 화산 암석을 부석이라고 해요. 부석 안에는 뜨거운 공기가 가득 차 있어서 물에 뜬다고 합니다. 여러분이 목욕탕에서 발의 각질을 제거할 때 쓰는 가볍고 하얀 돌이 바로 부석이에요. 반짝이는 검은색 암석은 흑요석인데, 끈적임이 큰 용암이 빠른 속도로 냉각되어 생긴 화산유리예요. 아름다워서 준보석으로도 쓰이지요. 하지만 무엇보다 가장 흔한 화산 암석은 갈색의 현무암이지요. 크기도 다양하고 표면이 거칠며, 구멍이 숭숭 뚫려 있는 것이 특징이지요.

병직　선생님, 화산재는 회색이고, 꼭 밀가루같이 부드럽고 고와요.

제비꼬리샘　그렇죠? 화산재는 시간이 지나서 자연 풍화되면 식물에 좋은 거름이 되어요. 그래서 화산 폭발의 위험을 무릅쓰고 농부들이 언제 폭발이 일어날지 모르는 활화산 가까이에서 농사를 짓는 모습을 볼 수 있지요.

서현　선생님, 화산재가 농사에 좋다는 건 처음 알았어요.

제비꼬리샘　화산 폭발이 엄청난 재앙이긴 하지만 좋은 면도 있지요.

현무암과 화강암은 어떻게 다를까?

제비꼬리샘 화산과 마그마 활동으로 만들어진 암석을 화성암이라고 하는데, 그중 가장 흔히 볼 수 있는 현무암과 화강암에 대해 알아볼까요? 모두들 현무암과 화강암을 주인공으로 짧은 이야기를 지어 봅시다.

현무암

안녕? 내 얼굴이 좀 검지? 나는 속마음은 보드랍지만, 겉으로 보기엔 상당히 거칠어. 나는 마그마가 지표 위로 분출하거나 지표 가까운 곳에서 빠르게 식어서 만들어진 암석이야. 난 미처 알갱이를 크게 만들 시간이 없이 굳어져서 알갱이 크기가 작단다. 내 안에는 무수히 많은 구멍들이 있어. 이게 다 마그마가 굳어질 때 화산 가스가 빠져 나간 흔적이야. 그런데 암석 표면에 구멍이 없다고 현무암이 아닌 건 아니라는 사실을 잊지 마. 내 친구들을 보려면 화산섬인 제주도에 가 봐. 제주도에서는 나를 가지고 돌하르방을 만들거나 축대를 쌓는 데 쓰기도 한단다. 그리고 바닷가의 자갈도 내가 잘게 쪼개져서 만들어져서 검은색이야.

화강암

안녕? 난 좀 반짝반짝하지? 현무 재는 거무튀튀하지만, 나는 밝은 바탕에 깨처럼 검은 점이 좀 많고 반짝거리기도 해. 주로 밝은 빛을 내는 장석, 석영, 백운모, 흑운모 같은 광물 때문에 그렇게 보이는 거야. 나는 현무랑 달리 땅속 깊은 곳에서 마그마가 천천히 굳어져 만들어졌기 때문에 알갱이가 눈으로 보일 정도로 크단다. 나는 아름다워서 건물의 벽을 만드는 석판이나 계단 등 건축에 많이 쓰여. 나를 보려면 서울에 있는 북한산을 쳐다봐. 그런데 왜 땅속 깊은 곳에서 만들어진 내가 이렇게 높은 봉우리가 되었냐고? 그건 말이야, 나를 덮고 있던 암석이 깎여 나가고, 내가 있는 땅이 위로 솟아오르면서 더 빨리 풍화와 침식이 진행되어 봉우리와 골짜기가 생긴 거지. 그래서 지금의 모습이 된 거야. 북한산의 화강암 바위는 암벽등반을 하는 사람들 사이엔 아주 유명한 곳이야.

무시무시한 화산이 좋은 점도 있다고?

제비꼬리샘 지난번에 선생님이 화산재가 식물이 자라는 데 좋다는 말을 한 적 있죠? 오늘은 화산과 우리 생활이 어떤 관계가 있는지 알아봅시다. 인터넷으로 여러분이 찾아본 최근의 화산 폭발 사례와 화산 폭발로 인한 피해도 함께 알아볼까요?

태양 아주 최근은 아니지만 2011년 7월 20일 폭발한 아이슬란드의 에이야프얄라요쿨 화산에 대해서 조사했어요. 1,100년 역사 중에 단 4차례 폭발했고, 이번 폭발은 189년 만에 일어났습니다. 7월 14일부터 거대한 화산재를 뿜어서 대서양 상공 11km까지 올라가 바람을 타고 남동쪽으로 흘러가서 영국과 북유럽 하늘을 뒤덮었습니다. 영국과 북유럽 지역은 항공기 운항이 한동안 전면 금지돼서 교통대란이 일어났습니다. 반면 화산재 구름이 흘러간 아이슬란드 하늘은

분화하는 에이야프얄라요쿨 화산　　　　일본 사쿠라지마 화산 폭발

　　　　맑아서 항공기가 자유롭게 운항했다고 합니다.
제비꼬리샘　잘 조사해 왔어요. 한마디 덧붙이자면, 그때 아이슬란드가 국가 부도 위기에 몰려 영국과 북유럽으로부터 빚을 갚으라는 압력을 받고 있던 중이었는데, 마침 화산재가 아이슬란드 채권국으로 날아가서 아이슬란드가 화산재로 이들 나라에 복수를 하고 있다는 기사가 나오기도 했지요. 하하!
병직　저는 2013년 8월 18일에 폭발한 일본 가고시마의 사쿠라지마 화산에 대해 조사했어요. 15만t 이상의 화산재가 분출되었고, 화구로부터 연기가 5,000m 상공까지 올라갔다고 합니다. 가고시마시 중심부는 화산재로 뒤덮였고, 시민들은 교통 통제 및 열차 운행 중단 등의 불편을 겪었다고 합니다.
제비꼬리샘　한마디 설명을 덧붙이자면, 화산이 폭발할 때 가장 위험한 것은 화산 쇄설류라고 하는 것입니다. 이것은 화산에서 분출된 고체 성분의 물질과 600℃ 이상의 고온 가스가 한 덩어리가 되어 시속 80~160km의 속도로 눈사태처럼 산기슭을 흘러내리는 현상인데, 화산 쇄설류가 지나간 자리는 모든 것이 파괴되고 불타 버리죠. 1902년 서인도제도의 마르티니크 섬의 펠레 산에서 분화가 일어났을 때 화산 쇄설류가 8km 떨어진 생피에드레에 1~2분 안에 도달하여 2만 800명이 거의 전멸했다고 합니다. 이탈리아 남부에 있는 폼페이도 서기 79년의 베수비오 화산 폭발 시 발생한 화산 쇄설류에 의해 4m 깊이의 화산재에 묻혔다가, 1549년 우물을 파던 한 농부에 의해 우연히 발견되어 세상에 모습을 드러내게 된 도시죠. 뜨거운 화산재가 땅을 덮어 버리면 그 밑에서는 어떤 생물도 살 수 없답니다. 화산재의 온도가 무려 300~800℃가 넘고, 그 무게 때문에 건물이 무너질 지경이라고 하니 정말 대단하죠? 선생님이 얼마 전에 다녀온 필리핀의 온천지대로 가는 길은 온통 회색의 화산재로 덮여 있었어요. 피나투보 화산 아랫마을에선

화산재에 묻혔다 발굴된 폼페이의 모습

화산재에 덮여 지붕만 보이는 마을을 만나기도 했지요. 또한 가장 큰 피해를 입히는 것 중의 하나가 화산가스인데, 하얀색이나 회색을 띠고 연기나 구름처럼 보여요. 입자가 아주 작은 화산 분진과 섞여서 화산재 구름을 만들기도 하지요. 이산화황, 이산화탄소 등 유해가스를 많이 포함하고 있어서 질식

사고를 일으킨답니다. 실제로 이산화황 성분이 많이 포함된 화산재 구름은 성층권까지 올라가 햇빛을 가리면서 지구 기온에도 영향을 미쳐, 1883년 크라카타우 화산 분출과 1963년 발리 섬의 아궁 화산 폭발로 몇 년 동안 세계 평균기온이 0.5℃ 정도 내려갔다고 해요.

열리 선생님, 정말 무시무시해요!

환규 그럼, 화산활동으로 인한 이로운 점은 없어요?

제비꼬리샘 당연히 있죠! 화산 지대는 뜨거운 지열을 이용한 지열발전, 용융(암석이 녹아서 액체가 된 것) 상태의 마그마가 지하수를 덥혀서 만들어지는 수많은 온천을 이용한 관광지나 휴양지 개발에 좋고, 화산재는 비옥한 토질로 농사짓기에 아주 좋지요. 인도네시아의 화산 지대는 1년에 3모작이 가능할 정도로 토양이 비옥하다고 해요. 또한 화산섬과 용암굴 등 특이한 지형을 관찰하기 위해 오는 관광객들도 많아요. 대표적으로 손꼽을 수 있는 하와이는 8개의 큰 화산섬과 124개의 작은 화산섬으로 이루어져 있어요. 우리나라의 제주도도 화산활동으로 이루어진 한라산과 칼데라호인 백록담, 수많은 오름, 용암동굴로 이름난 관광지인 것처럼 말이죠.

서현 선생님, 제주도 화산섬과 용암동굴은 2007년에 유네스코 세계자연유산으로 공식 등재되었어요.

제비꼬리샘 맞아요. 그래서 자연은 빼앗아 가는 것이 있으면 돌려주는 것도 있기 마련인가 봐요.

2 땅이 흔들리는 지진

지진과 화산활동은 같은 부모 밑에서 태어난 형제처럼 일어나는 원인이 비슷하답니다. 한순간에 땅을 갈라지게 하고, 한 도시를 죽음의 땅으로 만드는 무시무시한 지진에는 어떤 것들이 있을까요? 그리고 우리는 지진을 어느 정도까지 미리 예측하고 대비할 수 있을까요?

세계를 떨게 한 지진을 알아볼까?

병직이가 의자를 또 꺼떡거리다 뒤로 넘어집니다.

제비꼬리샘 병직아, 괜찮니? 얘들아, 병직이 앉은 자리 밑에서 지진이 일어났나 봐.

열리 깔깔깔! 샘, 왜 병직이 밑에서만 지진이 일어날까요?

병직이가 머리를 긁적이며 얼른 일어나 앉습니다.

제비꼬리샘 그러게 말이다. 한 시간에 한 번은 꼭 그 자리에서만 지진이 일어나니, 끙. 자, 오늘은 말 나온 김에 지진에 대해서 알아봅시다. 먼저, 화산활동과 지진은 어떤 차이가 있을까요?

태양 선생님, 화산과 지진은 비슷한 것이 아닌가요? 화산 폭발 때도 마그마가 지표를 뚫고 나올 때 지진이 일어나잖아요.

제비꼬리샘 오, 역시 똑똑한 태양이! 그것을 화산지진이라고 해요. 하지만 태양이 말이 맞는 점도 있고 틀린 점도 있어요. 화산은 지각의 판과 판이 부딪히는 면에서 지각이 약해지면서 그 틈으로 마그마가 지표면으로 흘러나오는 것을 말합니다. 그리고 지진은 지각의 판들이 서로 부딪히면서 그 에너지로 일어나는 진동입니다. 이런 진동이 일어날 때 그 열과 압력으로 다른 지각 판의 아래로 들어간 암석이 녹으면서 마그마가 만들어집니다. 그러니까 화산과 지진이 같은 뜻은 아니지만, 지진이 많은 곳에 화산도 많다는 것을 알 수 있지요.

환규 선생님, 이웃 나라 일본은 수없이 많은 지진이 일어나고 전 세계적으로 지진이 끊이지 않는데, 우리나라는 지진으로부터 안전한가요?

제비꼬리샘 기상청 누리집에 접속하여 최근의 지질 상황을 살펴보면,

중국 쓰촨 성 대지진 　　　　　　중국 윈난 성 지진 피해

우리나라에서 지진의 발생 횟수가 2000년 이전 20년 평균 20회 정도에서 2000년대 들어와서 50회 정도로 배 이상 늘어났음을 알 수 있어요. 특히 최근(2016년 9월 12일) 경주에서 일어난 규모 5.8의 강력한 지진과 500번이 넘는 여진으로 온 국민이 지진의 공포에 떨기도 했지요. 그러니까 우리나라도 더 이상 지진의 안전국이 아니라는 걸 알 수 있어요. 특히 동일본 대지진 이후 지각의 영향을 받아서 소규모 지진이 자주 발생하고 있어요. 그럼 최근 몇 년 동안 세계적으로 큰 규모의 지진이 많이 일어난 곳과 피해 상황을 알아볼까요?

쓰촨 성 대지진 또는 원촨 대지진은 2008년 5월 12일 오후 2시 28분(중국 표준시, UTC+8), 중국 쓰촨 성 지방에서 발생한 리히터 규모 8.0의 큰 지진을 말한다. 후진타오 주석은 현지에 인민해방군 파병을 지시하였다. 사망자 약 6만 9,000명, 부상자 약 37만 4,000명, 행방불명자 약 1만 8,000명, 재산 피해자 누계 약 4,616만 명, 붕괴된 가옥 약 21만 6,000동의 피해를 야기했다. 특히 학교 건물의 붕괴로 인해 교사와 학생에게 많은 피해가 발

생하였기 때문에 부실 공사가 큰 문제가 되었다. (위키백과 인용)

　　2014년 8월 3일 오후 4시 30분(현지 시각) 모멘트 규모 6.5의 강진이 중국 남서부 윈난 성에서 발생해 367명이 사망하고 1,881명이 부상을 입었다. 이어 4일 자오퉁 시 당선전부는 지진으로 자오퉁 시 자오양 구에서 1명, 진앙지인 루뎬 현에선 296명, 차오자 현에서 60명이 각각 목숨을 잃었다고 발표했다. 이 밖에도 취징 시 후이쩌에서 10명이 목숨을 잃었다고 현지 언론이 보도했다. 이번 지진으로 자오퉁의 주택 1만 2,000여 채 이상이 붕괴되고, 전기·수도·통신 등이 모두 단절됐다. (오마이뉴스 윤현 기자 인용)

　　도호쿠 지방 태평양 해역 지진은 일본 미야기 현 센다이 동쪽 179km 해역에서 일본 표준시로 2011년 3월 11일 14시 46분경 발생한 모멘트 규모 9.0의 초대형 지진이다. 이 지진으로 도호쿠 지방과 간토 지방의 대부분은 물론 홋카이도, 주에쓰 지방 및 나가노 현 등지에서도 강한 진동이 관측되어 큰 혼란이 일어났다. 특히 미야기 현을 중심으로 한 태평양 연안의 도시들은 지진의 여파로 지진해일이 강타하여 더욱 큰 피해를 입었다. 일본의 수도인 도쿄에서도 강한 진동이 관측되어 오다이바의 텔레콤센터 인근 건물에서 화재가 발생하였다. 한편 세계 경제에서 큰 비중을 차지하는 일본이 이 지진으로 궤멸적인 피해를 입어 그 파장이 막대한 가운데, 원자력 발전소도 지진의 피해를 입어 방사능 물질이 유출되는 사상 초유의 사태가 일어났다. 이 지진은 지금까지 일본을 강타한 지진 중 가장 강

초대형 지진으로 일어난 지진해일   후쿠시마 원자로 방사능 유출

력한 것으로 알려졌고, 1900년에 현대적 기록을 시작한 이래로 세계에서 가장 강력한 다섯 개의 지진 중 하나이다. 지진은 도호쿠의 이와테 현의 미야코에서 40.5m에 달하는 강력한 쓰나미를 발생시켰고, 센다이 지역에서 10km 내륙에 이르기까지 나아갔다. 지진은 혼슈를 2.4m 동쪽으로 이동시켰고, 2012년 9월 12일 일본 경시청 보고서는 1만 5,878명 사망, 6,126명 부상, 2,713명 실종을 확인했고, 또한 25만 4,204동이 반파되었을 뿐만 아니라 건물 12만 9,225동이 붕괴되었고, 69만 1,766동은 부분적으로 손상을 입었음을 확인하였다. 지진과 쓰나미는 많은 구역에서 화재와 댐 붕괴와 마찬가지로 도로와 철로에 대한 많은 손상을 포함하여 동북 일본에 광대하고 혹독한 구조적 손상을 일으켰다. 일본 수상 간 나오토는 "제2차 세계대전의 종결 이후 65년 동안, 이것은 일본에 닥친 가장 거칠고 가장 어려운 재난이다"라고 말했다. 동북 일본의 약 440만 세대는 전기 없이 남겨졌고, 150만 세대는 물 없이 남겨졌다. (위키백과 인용)

2010년 아이티 지진은 2010년 1월 12일 오후 4시 53분(현지 시각) 아이

티에서 발생한 리히터 규모 7.0의 지진이다. 아이티의 수도인 포르토프랭스 인근 지표면으로부터 13km 깊이에서 발생했다. 이 지진으로 아이티 대통령궁과 국회의사당을 포함한 포르토프랭스의 주요 건물들이 붕괴했거나 손상됐으며, 감옥, 공항, 병원과 같은 시설도 폐쇄됐다. 그리고 포르토프랭스의 교도소가 무너져 약 4,000명에 이르는 수감자가 탈출했다.

아이티 지진 현장 구조 활동

국제적십자위원회는 이번 지진으로 인해 피해를 입은 인구가 아이티 전체 인구의 1/3인 300만 명에 이를 것으로 추산한 바 있었다. 실제 사망자는 22만 명이 넘었으며, 부상자 수는 30만 명에 달하였다. 이 지역은 두 개의 서로 다른 지각 판이 충돌하는 지점이다. 북쪽에는 북아메리카 판이, 남쪽엔 카리브판이 수평으로 엇갈리면서 10년에 20cm씩 이동하며 서로 충돌하고 있었다. 150년 동안 거대한 두 지각 판이 3m 정도 움직이면서 쌓인 엄청난 에너지가 이번 지진으로 한꺼번에 분출된 것으로 분석된다. (위키백과 인용)

지진의 단위는 무엇일까?

제비꼬리샘 어때요? 말만 들어도 끔찍하죠? 이처럼 대규모 지진은 수많은 사람들의 목숨을 앗아가고 건물의 붕괴와 화재, 지진해일(쓰나미) 등으로 엄청난 피해를 입혀 복구에 오랜 시간이 걸린답니다.

리히터 규모

리히터 규모의 힘 단위

1.0~2.0 : 지진계가 감지할 수 있는 정도

2.1~4.9 : 땅이 조금 흔들리는 정도(여진)

5.0~5.9 : 전봇대가 파손되는 정도

6.0~6.9 : 땅이 뚜렷하게 흔들리고, 주택 등이 무너지는 정도

7.0~8.9 : 땅이 심하게 흔들리는 정도, 아파트 등 큰 빌딩이 무너지는 정도

9.0~9.9 : 땅이 넓게 갈라지고, 지면이 파괴되는 정도

이렇게 대규모 지진이 일어나면 전 세계에서 그 나라를 돕기 위해 많은 지원을 아끼지 않지요. 자, 그럼 지금까지 인용한

	지진 사례에서 반복해서 나오는 말이 있는데 뭔지 아는 사람?
병직	리히터 규모, 모멘트 규모요!
제비꼬리샘	네. 지진의 규모는 리히터 규모와 모멘트 규모로 나뉩니다. 두 가지 다 지진이 발생할 때 방출되는 에너지의 크기를 측정하기 위한 단위예요. 규모가 1이 커지면 땅의 흔들림은 10배가 커지게 돼요. 즉, 리히터 규모 5.0의 지진이 갖는 땅의 흔들림은 리히터 규모 4.0의 지진보다 10배 크지요. 그리고 에너지는 약 32배만큼 더 많이 내보내지요. 1935년 미국의 지진학자 찰스 리히터는 규모 3.0~7.0의 중간 정도 지진에서 방출되는 에너지의 크기를 나타내기 위해 리히터 규모를 개발했어요. 리히터 규모는 지진계의 기록과 관측소와 진원 사이의 거리에 따라 규모를 산출했지요. 따라서 이는 측정에 한계를 갖고 있었고, 대부분의 강진은 규모가 7에 가까운 값을 갖게 되었어요. 또한 진원에서 600km 이상 떨어져 있을 경우, 리히터 규모는 신뢰성이 떨어지지요. 이러한 문제점을 해결하기 위해 캘리포니아 공대의 지진학자 톰 행크스와 가나모리 히로오가 1979년에 모멘트 규모를 개발했어요. 모멘트 규모도 중간 정도의 지진에 대해서는 리히터 규모와 비슷한 값을 갖습니다. 모든 것을 계산에 넣기 때문에 계산이 조금 번거롭지만, 모멘트 규모는 규모 9와 10 사이의 아주 큰 지진 측정도 정확하게 할 수 있다는 장점이 있어요. 1960년의 칠레 대지진은 규모 8.5로 측정되었지만, 현재의 모멘토

규모로는 9.5이어서. 역사상 기록된 가장 큰 지진으로 지진 역사를 새로 쓰게 되었어요. 하지만 모멘트 규모는 소규모 지진에 대해서는 문제점을 가지고 있어서 미국 지질조사국에서는 대부분의 수를 차지하는 규모 3.5 미만의 지진에 대해서는 모멘트 규모를 사용하지 않고, 리히터 규모와 같은 단위를 사용합니다. 모멘트 규모와 리히터 규모 모두 지진의 흔들림 정도(토양, 깊이, 진원과의 거리 등에 따라 결정)를 나타내지는 않습니다. 둘은 단지 지진이 방출하는 에너지의 양만을 나타내지요.

지진의 피해는 무시무시해!

서현 선생님, 지진이 일어나면 어떤 일이 생기죠? 지진보다 불이 더 위험하다고도 하던데요.

제비꼬리샘 네, 맞아요. 지진이 나면 건물에 금이 가고 무너져서 사람이 깔리기도 하는데, 땅속에 묻혀 있는 도시가스관 등이 끊어지거나 하면 대형 화재로 이어져서 굉장히 위험하지요. 1755년 포르투갈의 아름다운 도시 리스본이 지진 후 이어진 화재로 인해 궁전과 저택, 예술품들이 완전히 불타서 재만 남았죠. 또한 이런 지진이 바다에서 발생하면 바닷물이 뒤흔들려 거대한 파도가 생성되기도 하는데, 이를 지진해일이라고 합니다. 지진해일은 지진뿐만 아니라 화산이나 해저 산사태 등에 의해서도 발생하는데, 이렇게 발생한 지진해일이 해안가에 도달하여 큰 피해를 일으킬 수 있어요. 1960년 5월 22일 칠레에서 발생한 규모 9.5의 지진에 따른 지진해일은 현대에 관측된 가장 큰 지진에 의해 발생한 지진해일로 기록되고 있어요. 이 지진해일을 계기로 1965년 태평양 지진해일 경보 시스템이 구축되었어요. 그리고 일본 연안에서 발생한 지진해일로 인해 일본은 물론 우리나라에도 인명과 재산에 피해가 발생한 사례가 있어, 지진해일은 먼 나라의 이야기만은 아닙니다.

제비꼬리샘과 함께하는 과학 상식

지진해일(쓰나미)

지진해일을 쓰나미(tsunami)라고도 하는데, 이는 일본어에서 유래한 말로 '쓰(tsu)'는 '항구', '나미(nami)'는 '파도'를 의미합니다. 이 용어는 1896년 6월 일본 산리쿠 연안에서 발생한 지진해일 피해가 알려지면서 세계 공통어로 사용하게 되었습니다. 지진해일의 파는 마루와 마루 사이의 파장과 주기가 길기 때문에 일반적인 해양파와 구분되는데, 파장은 보통 깊은 바다에서 100km를 넘고 주기는 10분에서 1시간에 이릅니다.

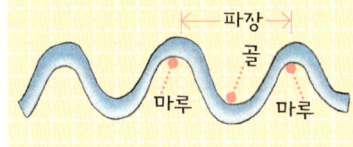

· 파장 : 마루와 마루 사이의 거리
· 주기 : 마루와 마루 사이의 시간

지진해일은 얕은 바다에서 파고가 급격히 높아짐에 따라 그 속도가 느려지며, 지진해일이 해안가의 수심이 얕은 지역에 도달할 때 그 속도는 시속 45~60km까지 느려지면서 파도가 강해져요. 이것이 해안을 강타함에 따라 파도의 에너지는 더 짧고 더 얕은 곳으로 모여 무시무시한 파괴력을 가져 우리의 생명을 위협하는 파도로 발달하게 되지요.

최악의 경우 파고가 15m 이상으로 높아지고, 지진의 진앙 근처에서 발생한 지진해일은 파고가 30m를 넘을 수도 있어요. 파고가 3~6m 높이가 되면 많은 피해를 일으키는 아주 파괴적인 지진해일이 될 수 있어요.

지진이 주로 일어나는 지진대는 어디일까?

열리 선생님, 지진 피해 지역을 조사하다 보니 중국, 일본, 칠레, 페루, 인도네시아 등에서 자주 발생하는데, 지진이 자주 발생하는 곳이 정해져 있나요?

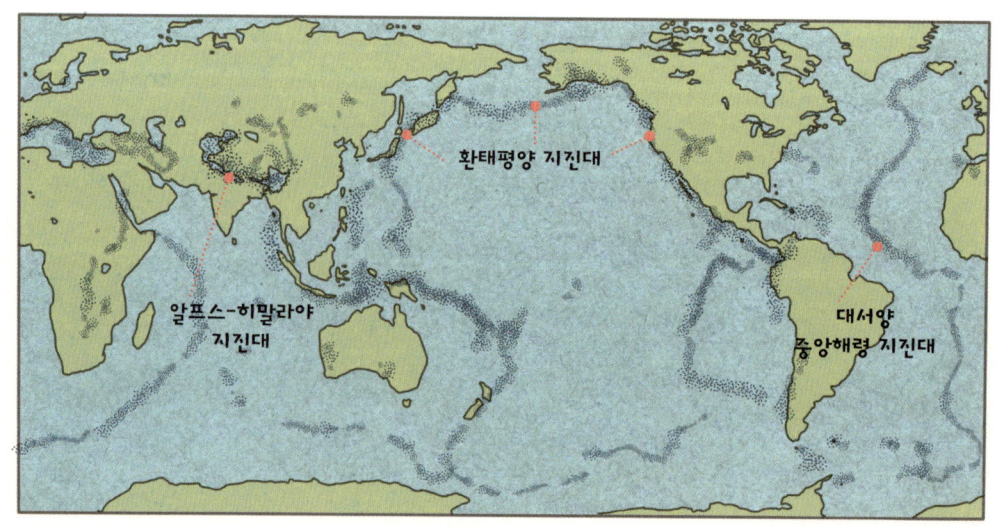

세계의 지진대

제비꼬리샘 그래요. 우리 반도 떠드는 아이들이 몰려 있잖아요. 병직이, 현준이, 환규가 요렇게 한 줄로 나란히 앉아 있어서 가장 많이 지적을 당하죠. 아, 미안! 물론 떠들기도 하지만 질문도 많아서 수업에 활기를 불어넣기도 해요. 그것처럼 지진도 특정한 지역을 따라 띠 모양을 이루고 있어요. 이러한 지역을 지진대라고 합니다. 지진대는 판과 판이 만나는 곳에서 형성되는데, 맨틀의 대류 등 지구 내부의 운동으로 인해 판들이 서로 부딪히면서 지진이 발생하는 거예요.

그중에서 가장 큰 지진대를 환태평양 지진대라고 부릅니다. 이곳에서는 전 세계 지진의 80% 정도가 일어나요. 태평양과 육지의 경계를 따라 하나의 둥근 고리 모양을 하고 있으며, 워낙 화산 폭발과 지진이 잦아서 '불의 고리'라고도 해요. 일본은 환태평양 지진대에 위치하고 있기 때문에 지진이 자주 발생하는

세계의 지각 판

겁니다. 또한 알프스-히말라야 지진대는 인도네시아에서 히말라야산맥을 거쳐 지중해에 이르는 지역으로, 대륙지각끼리 충돌하여 거대한 습곡산맥을 형성하며 지진이 발생합니다. 알프스와 히말라야의 높은 산들이 바로 지진과 화산활동으로 이루어진 산이랍니다. 이곳에서는 전 세계 지진의 15%가 발생합니다. 이 두 개의 지진대를 제외하고도 해령을 따라 소규모의 지진대가 발달하고 있는데, 이것을 중앙해령 지진대라고 합니다. 바다에 있는 산맥 모양이라 해령이라 합니다. 맞닿아 있는 두 개의 판은 맨틀의 대류에 의해 움직이게 되고, 서로 멀어지게 될 경우 빈 공간을 채우기 위해 마그마가 위로 솟구쳐 용암이 흘러나오게 됩니다. 이때 상승하는 부분은 상대적으로 주변보다 높기 때문에 해령이 만들어지는 거예요. 중앙해령 지진대는 주로 해양판이 서로 분리되는 지역에서 발생하는데, 대양의 중앙에서 해령을 따라 분포합니다.

환규 선생님, 우리나라는 일본에게 감사해야겠어요.

제비꼬리샘 환규, 무슨 뜻이지요?

환규 일본이 환태평양 지진대에 있어서 바로 옆에 있는 우리나라 대신 지진과 화산이 자주 일어나니까 우리나라 입장에서는 다행인 거죠.

제비꼬리샘 그렇게 생각할 것만은 아닌 것이 일본에 100만 명에 가까운 우리 교포들이 살고 있어요. 그리고 1923년 관동대지진 때는 끔찍한 지진의 참상 이후 나빠진 민심을 틈타 조선인이 우물에

독을 풀었다는 유언비어가 퍼져 3,000~6,000명에 이르는 조선인들이 억울하게 학살을 당한 끔찍한 일도 있었답니다. 참 기막힌 일이죠. 게다가 최근의 동일본 대지진 때 지진해일로 인한 후쿠시마 원자로 방사능 누출로 인한 피해는 우리나라에도 고스란히 닥쳐오고 있기 때문에 강 건너 불구경할 일은 아닌 거죠. 그러니까 이웃나라에 불행한 일이 생긴다면 다함께 힘을 모아 돕고, 우리 자신도 지진에 대한 대비를 철저히 하는 것이 바람직한 태도라고 할 수 있겠죠?

환규 네. 알겠어요. 앞으로는 그런 말을 하지 않도록 조심할게요.

지진은 왜 일어날까?

제비꼬리샘 자, 그럼 어떻게 하면 우리가 지진을 느껴 볼 수 있을까요?

현준 선생님께서 한 번씩 소리를 지르시면 꼭 지진이 난 것처럼 교실이 흔들려요!

제비꼬리샘 우하하! 진짜로? 미안해요. 이번엔 소리 지르기 말고, 우드락을 이용해 봅시다. 우드락의 양 끝을 잡고 힘을 주어 휘어지게 하다가 끊어지게 해 보세요. 이것은 무엇을 알아보기 위한 실험일까요?

현준 우드락은 약하다?

서현 하하하! 선생님, 현준이는 진짜 엉뚱해요. 지진이 날 때 지층이 끊어지잖아요. 그러니까 지진이 발생하는 원인을 알아보는 실험인 거죠.

제비꼬리샘 맞아요. 우드락을 세게 밀면 끊어지면서 손에 떨림이 느껴지는데, 실제 지층도 계속해서 지구 내부에서 힘을 받으면 끊어지면서 땅이 흔들리는 지진이 발생하게 됩니다. 이때 우드락은 실제 지층이나 암석을 나타내고, 양끝에서 미는 힘은 지구 내부에서 작용하는 힘, 우드락이 끊어질 때 손의 떨림은 지진을 나타내지요. 우드락 대신에 힘을 주면 잘 부러지는 쌀 과자 같은 것을 이용하면 환경보호도 되고 맛있게 먹기도 하고 일석이조겠죠?

현준 와, 샘! 진작 쌀 과자로 준비하시지. 에잇! 우드락이라도 뜯어 먹을 테다!

제비꼬리샘 현준아, 제발 참아 주렴. 그건 먹으면 큰일 나!

지진에서 살아남으려면?

제비꼬리샘 지진이 발생하기 전에 어떤 대비를 해야 할까요?

태양 일단 건물을 내진 설계를 해서 지어야 됩니다.

제비꼬리샘 내진 설계는 건물이 지진에 잘 견딜 수 있도록 짓는 것을 말합니다. 고무와 강철을 건물 기초에 설치하면 흔들림을 멈추게 해 줄 수 있고, 지진파를 흡수하기 위해 쓰이는 커다란 고무판을 충격 흡수제로 벽 속에 넣는 방법도 있습니다. 슈퍼 지진 벽지를 벽에 바르면 마르면 강철보다 17배나 강하고 질긴 물질이라 벽에 금이 가지 않도록 도와줍니다. 하지만 이 모든 내진 설계도 수직 방향으로 흔들리는 지진에는 별 소용이 없다는 점! 일본의 고베 지진이 그랬죠. 또 우리가 평소에 준비할 수 있는 일은 무엇이 있을까요?

환규 무거운 물건이 높은 곳에 있으면 지진이 났을 때 떨어져서 다칠 수 있으니까 평소에 아래쪽으로 내려놓아야 해요.

병직 건물 안에 갇힐 수도 있으니까 손전등이나 라디오, 구급약품이나 비상식량, 따뜻한 옷을 배낭에다 한군데 미리 담아 놓아야 해요. 3일 정도 버틸 수 있는 식수도 있어야 하고요.

제비꼬리샘 그래요. 또 중요한 걸 한 가지 빼먹었어요. 불이 나기 쉽다고 했죠? 소화기도 눈에 잘 띄는 곳에 두고, 휴대전화 배터리도 평소에 잘 충전해 놓는 것이 좋겠죠?

서현 아, 맞다! 잊지 말자, 1755년 리스본 지진! 그리고 휴대전화가 있으면 건물 아래 갇히더라도 내 위치를 알릴 수 있으니까 정말 필요하겠네요.

제비꼬리샘 그럼 실제로 지진이 발생했을 때 어떻게 하면 지진의 피해를 줄일 수 있을까요? 먼저 지진이 나면 가스를 잠그고 전기를 꺼야 해요. 지진으로 가스 배관이 망가져서 가스가 새어 나올 수가 있기 때문에 절대로 성냥을 켜서는 안돼요. 잘못하면 '펑~' '끝!' 이렇게 되는 거죠. 방석이나 베개로 머리를 감싸고, 책상이나 식탁 밑에 들어가서 책상다리를 꼭 잡아야 해요. 집이 흔들리는 도중에 섣불리 밖으로 나가거나, 엘리베이터를 이용하면 안 됩니다. 밖으로 나가다가 떨어지는 시설물에 맞아서 큰 부상을 입을 수도 있고, 전기가 나가면 엘리베이터 안에 갇히게 되거든요.

열리 선생님, 지진이 났을 때 집에서 가장 안전한 곳이 어디예요?

제비꼬리샘 아무래도 식수를 확보하기 쉬운 목욕탕이나 화장실이 가장 좋겠죠? 그리고 창문이나 베란다는 파손이나 붕괴 위험이 있기 때문에 멀리 떨어져 있는 것이 좋아요.

제비꼬리샘 학교에서는 어떻게 행동하는 것이 좋을까요?

서현 일단 머리를 감쌀 수 있는 물건으로 머리를 감싸고 책상 밑으로 대피합니다. 그리고

초등학교에 설치된 내진 구조물

선생님의 지시에 따라 침착하게 건물로부터 멀리 떨어진 운동장으로 대피해야 되겠죠.

제비꼬리샘 자, 그럼 실제로 해 볼까요? 다들 책상 밑으로 대피하세요.

열리 선생님, 현준이가 안 나와요. 깔깔깔! 그새 잠들었어요!

제비꼬리샘 지진 끝났다고 전해라!

병직 샘, 만약 밖에 있는데 지진이 일어나면 어떻게 하는 게 좋아요?

제비꼬리샘 건물로부터 멀리 떨어지는 것이 좋아요. 무너지는 건물 아래 깔릴 수도 있으니까. 그 밖에도 무너질 염려가 있는 나무, 전봇대로부터도 멀리 떨어져 있는 것이 좋겠어요. 다리 위에 있어도 안 돼요. 다리가 무너질 수 있으니까요. 지진이 일어나는 동안 차를 운전하는 것도 굉장히 위험한 일입니다. 운전 중일 때는 넓은 곳에 차를 대고 진동이 멈출 때까지 차 안에서 기다리는 것이 좋겠어요.

제비꼬리샘 그런데 현준아, 수업도 안 끝났는데 가방 매고 어디 가니?

현준 선생님, 이럴 때가 아니에요. 빨리 비상식량 사러 가야죠! 지진이 언제 일어날지 모르잖아요!

궁금해요

우주의 다른 천체(행성, 위성)에도 화산이 있을까요?

결론적으로 말하면, "네, 있습니다. 그것도 아주 많이 있습니다."

과학자들에 의하면, 천체에서 화산활동이 일어나는 원인은 다음과 같이 구분할 수 있다고 합니다. 첫째, 가까이 있는 항성(태양처럼 스스로 빛을 내는 별)이나 행성으로부터 중력의 영향으로 마찰열이 발생하고, 이것이 천체 내부 열로 바뀌어 암석을 녹여 마그마로 만들고, 화산 폭발로 지표면으로 흘러나오는 것입니다. 둘째, 태양과 같은 항성으로부터 나오는 어마어마한 복사열로 지표면이 녹아서 용암이 되는 것입니다. 셋째, 만들어진 지 얼마 안 되는 원시행성은 불타는 암석 공처럼 내부의 열이 엄청나거나 만들어지는 과정에서 소행성과의 대규모 충돌과 결합으로 인해 화산활동이 활발한 천체가 되는 것입니다. 지구도 만들어지는 과정에서 소행성들의 충돌로 성장을 거듭하면서 용암으로 뒤덮인 상태에서 차츰 지표면이 식어서 오늘과 같은 크기와 형태를 갖춘 행성이 될 수 있었던 것입니다.

화성의 올림푸스몬스는 지금까지 태양계에서 알려진 가장 큰 규모의 화산입니다. 너비는 약 625km로 약 120km 너비의 하와이 마우나로아보다 5배 이상 넓고, 높이는 약 27km로 약 9km인 마우나로아의 2.7배, 에베레스트의 3배 높이의 화산이지요. 지구에서는 중력 때문에 이렇게 높은 화산이 만들어질 수 없어요. 지구에서라면 지구 중심으로 끌어당기는 중력 때문에 벌써 무너져 내렸겠지요. 화성의 중력은 지구 중력의 1/3밖에

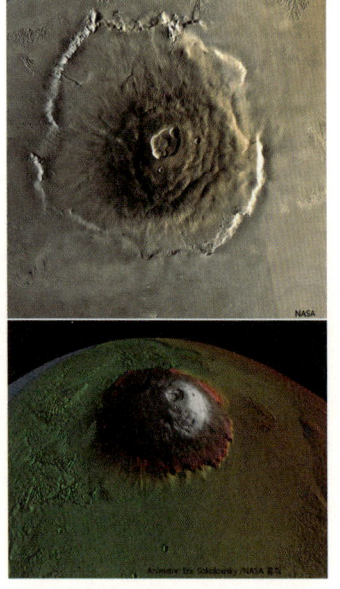

화성의 올림푸스몬스

안 되기 때문에 이렇게 높은 지형의 화산이 만들어질 수 있는 거랍니다.

현재 태양계에서 가장 활발한 화산 활동이 일어나는 천체는 바로 목성의 위성인 이오랍니다. 이오는 목성에서 42만 2,000km 정도 떨어져서 목성의 둘레를 한 바퀴 도는 데(공전하는 데) 42.5시간(약 1.77일) 정도 걸립니다. 태양계에서 가장 큰 행성인 목성이 달과 비슷한 지름 3,640km의 이오를 강력한 중력으로 늘였다가 줄이면서 이오는 내부에 거대한 마찰열이 생기게 됩니다. 그래서 이오는 용암이 들끓는 천체가 된 것이지요. 1979년 3월에 미국 탐사기 보이저 1호가 이오에 2만 5,000㎞까지 접근하여 관측한 결과 이오의 표면에 적어도 8개의 큰 화산이 화산 연기를 내고 있다는 것을 발견하였습니다. 지구 이외의 천체에서 활화산이 확인된 것은 처음이라고 하지요. 놀랍죠?

화산으로 뒤덮인 이오의 모습

금성에도 화산이 있습니다. 금성의 대기는 두꺼운 황산과 이산화탄소 층인데, 많은 화산들에서 분출된 이산화탄소가 계속 쌓이다 보니 대기가 두꺼운 이산화탄소로 되어 있습니다. 약 5억 년 전에 금성 내부에서 엄청난 양의 마그마가 분출되어 금성의 표면을 완전히 뒤덮었다고 합니다. 과학자들은 금성에 1,600개 이상의 화산이 있다고 추정합니다. 목성의 위성 이오만큼은 아니지만 금성에는 현재도 활발한 화산활동이 이루어지고 있답니다.

이 밖에도 얼음 화산인 토성의 위성 엔셀라두스의 화산 등 태양계에는 다양한 형태의 화산 활동의 흔적과 활화산을 관측할 수 있답니다. 우주를 여행할 때 깜깜한 우주에서 우주의 불꽃놀이 같은 활화산을 태양계의 다른 천체에서 볼 수 있다면 정말 환상적이겠죠.

8장. 지층과 화석

1. 층층이 쌓인 지층
2. 공룡이 살았던 걸 어떻게 알 수 있지?

1 층층이 쌓인 지층

시골길을 지나다 보면 도로 공사 때문에 산이 끊어진 경사면을 종종 볼 수 있어요. 경사면에서 자갈이나 흙이 층층이 쌓여서 휘어지거나 잘린 층을 볼 수 있지요. 이런 지층은 얼마나 오랜 시간이 걸려서 어떻게 만들어졌을까요? 또 지층을 이루고 있는 암석들은 어떤 종류가 있을까요?

지층은 어떻게 만들어졌을까?

제비꼬리샘이 오늘은 화장실 얘기로 수업을 시작합니다.

제비꼬리샘 여러분은 시골에서 재래식 화장실을 써 본 적이 있나요?

병직 지난번에 강원도 산골에 사는 친척 집에 갔는데, 화장실이 재래식이어서 똥 마려운 걸 참다가 변비 때문에 고생했어요.

전라북도 부안의 채석강

제비꼬리샘 병직이가 재래식 화장실 때문에 고생했구나. 선생님 어렸을 땐 농사짓는 데 거름으로 똥을 썼기 때문에 화장실이 다 재래식이었어요. 그래서 겨울이면 먼저 싼 똥 위에 새로 싼 똥이 층층이 쌓이고 쌓여서 얼면 우리는 그걸 똥탑이라고 불렀어요.

현준 으악! 똥탑! 웩웩!

열리 샘, 샌드위치 같은 걸 예로 들어도 되는데, 하필 똥탑이 뭐예요? 하여튼 샘은 못 말려!

제비꼬리샘 하하! 좀 지저분한 얘기로 시작했지만, 오늘은 이렇게 층층이 쌓여서 만들어진 지층에 대해서 공부하려고 해요. 자갈, 모래, 진흙 등이 쌓여 층을 이루고 있는 것을 지층이라고 합니다.

제비꼬리샘이 아이들에게 전라북도 부안에 있는 채석강 사진을 보여

줍니다.

환규   사진에 나오는 장소가 어디예요?

제비꼬리샘   네, 이곳은 전라북도 부안군에 있는 채석강이에요.

환규   바다인데 왜 이름이 채석강이에요?

제비꼬리샘   원래 이곳은 강이 아니고 바다인데, 중국의 시인 이태백이 달을 잡으려다 빠져 죽었다는 중국의 채석강과 닮았다고 해서 붙인 이름이라고 해요.

태양   지형이 독특해요. 꼭 얇은 지층이 층층이 쌓여 있는 모양이에요.

제비꼬리샘   잘 봤어요. 채석강은 층층이 쌓인 퇴적층으로 된 해식 절벽과 물이 빠지면 그 아래 모습을 드러내는 파도에 침식된 넓은 지층을 포함한 주변 바다를 일컫는 말이에요. 서해안에서 경치가 아름답기로 유명한 곳이지요.

열리   샘, 너무 말이 어려워요! 퇴적층은 무슨 뜻이고, 해식 절벽은 또 무슨 뜻이에요?

제비꼬리샘   퇴적층은 자갈, 모래, 진흙 등 퇴적물이 쌓여 만들어진 지층을 말하는 거예요. 해식 절벽은 파도의 작용에 의해 깎여서 만들어진 절벽을 말합니다. 채석강에는 해식동굴이 많은데, 이 또한 파도의 작용에 의해 만들어진 지형이지요.

병직   지층은 어떻게 만들어지는 거예요?

제비꼬리샘   진흙, 모래, 자갈이 흐르는 물에 실려 강이나 바다로 운반되다가 물의 흐름이 느려지는 강바닥이나 호수, 바다 밑에 닿으면 차차

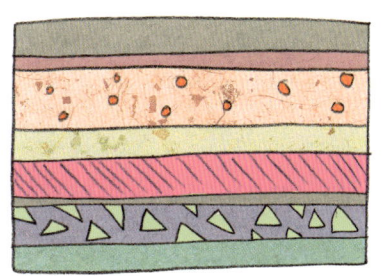

수평 지층

습곡

단층

쌓이게 되는데, 이것을 퇴적이라고 합니다. 이때 먼저 운반된 물질이 아래에 쌓이고, 나중에 운반된 물질은 그 위에 쌓입니다. 이렇게 쌓인 퇴적물이 오랜 시간이 지나면서 위에 쌓이는 퇴적물의 무게 때문에 알갱이가 다져지고, 지하수 속에 녹아 있는 여러 가지 물질이 퇴적물 사이의 공간을 채워 알갱이들이 서로 엉겨 붙으면서 단단한 암석으로 변한 것입니다.

서현 선생님, 채석강에는 휘어진 지층도 있어요.

제비꼬리샘 저렇게 휘어진 지층을 습곡이라고 해요. 습곡은 지층이 지구 내부에서 작용하는 힘을 받아 물결 모양으로 휘어진 것입니다.

서현 끊어진 지층도 보이는데요.

제비꼬리샘 네, 저렇게 끊어진 지층을 단층이라고 해요. 지층이 지구 내부에서 작용하는 힘을 받아 위아래로 끊어져 어긋난 것입니다.

제비꼬리샘과 함께하는 과학 상식

지층의 가장 큰 특징은 퇴적물이 층을 이루며 쌓일 때 지표면과 거의 수평을 이루며 쌓인다는 것입니다. 그래서 기울어졌거나 휘어졌거나 끊어진 지층은 퇴적된 이후 지각변동이 있었음을 알게 해 주지요. 지구 내부에서 작용하는 힘에 의해 지층의 모양이 변한 것이에요. 이처럼 지층은 모양에 따라 수평 지층, 습곡, 단층, 기울어진 지층 등 다양한 모양으로 나타납니다. 즉, 수평 지층이 발견되는 곳은 퇴적물이 쌓인 뒤 지각변동이 없었다는 것을 알 수 있지요. 지층의 모양을 통해 과거의 지형과 기후 변화를 알 수 있습니다.

실험: 보이지 않는 땅속의 지층 알아보기

준비물 : 세 가지 색의 고무찰흙과 투명한 빨대를 준비한다.

1. 세 가지 색깔의 고무찰흙을 3cm 두께로 납작하게 만들어 포개 놓는다.
2. 빨대 윗부분의 구멍을 엄지손가락으로 막고, 세 층으로 된 고무찰흙 반대기에 빨대를 눌러 꽂는다.
3. 손가락으로 막은 빨대의 구멍을 떼고 천천히 빨대를 고무찰흙 반대기에서 빼낸다.
4. 빼낸 빨대를 관찰하면서 실제 지층의 상태를 알기 위한 방법을 생각해 본다.

- 실제로 지층의 상태를 알아보기 위해서 지하의 암석을 뚫고 들어갈

수 있는 가늘고 긴 원통 모양의 강한 금속으로 된 도구를 사용하여 암석을 채취할 수 있는데, 이것을 '코어 샘플'이라고 한다. 이것을 통하여 지하 지층의 상태, 즉 지층을 이루고 있는 암석의 성분을 알 수 있다.

코어 샘플

식빵과 잼으로 만든 맛있는 지층!

교실에서 아이들이 여러 가지 색의 식빵과 잼, 제과용 플라스틱 칼로 지층 만들기 실험을 하고 있습니다.

현준 샘, 동영상으로 보고 그냥 이것 먹어요!

제비꼬리샘 현준아, 좀 참자. 어차피 먹을 거니까. 자, 여러 가지 색의 식빵과 사이사이에 잼을 발라서 샌드위치를 만들었지요? 그럼 양쪽에서 힘을 가해서 습곡 모형도 만들어 보고, 잘라서 위아래로 이동하여 단층 모형도 만들어 보세요.

제비꼬리샘 지층 모형과 실제 지층의 비슷한 점을 말해 볼까요?

서현 둘 다 줄무늬(층리)를 볼 수 있어요.

제비꼬리샘 네. 층리가 생기는 이유는 지층의 퇴적물들이 각 층마다 다른 성분으로 이루어져 있기 때문이에요.

열리 각 층의 두께와 색깔이 달라요.

환규   식빵으로 만든 모형이 층층이 쌓여 있는 것처럼 실제 지층도 층층이 쌓여 있어요.

제비꼬리샘   네. 식빵으로 만든 모형도 아래쪽에 있는 것을 먼저 만든 것처럼 실제 지층도 아래쪽에 있는 것이 먼저 쌓인 거예요. 만들어진 순서대로 층층이 쌓여 있는 것이지요.

태양   지층의 모양이 비슷해요. 수평 지층, 습곡, 단층처럼 비슷하게 생겼어요.

제비꼬리샘   그럼, 다른 점은 어떤 것이 있을까요?

서현   식빵으로 만든 지층 모형은 만드는 시간이 짧고, 실제 지층은 아주 어마어마하게 오랜 시간이 걸린다는 점이 달라요.

환규   지층 모형은 부드럽고, 실제 지층은 아주 단단해요.

열리   지층 모형은 빵과 잼으로 되어 있는데, 실제 지층은 자갈, 모래, 진흙 등으로 되어 있어요.

현준 가장 다른 점은 지층 모형은 먹을 수 있고, 실제 지층은 못 먹는다는 점이에요. 샘, 그만하고 얼른 먹으면 안 될까요?

제비꼬리샘 하하! 현준이가 엄청 배고픈가 보구나. 자, 그럼 이제 지층 모형을 먹어 치웁시다!

> 제비꼬리샘과 함께하는
> **과학 상식**

퇴적암의 특징

1. 층리가 있어요. 퇴적암에는 줄무늬 모양이 여러 겹으로 나타나는 층리가 있는데, 이것은 각 층을 이루는 퇴적암의 성분이 다르기 때문이에요.
2. 화석이 있어요. 퇴적암 속에는 과거에 살았던 생물의 유해나 흔적이 남아 있는 화석이 있다.
3. 퇴적물 중에 알갱이가 큰 것일수록 아래에 퇴적됩니다.
4. 퇴적물들이 그 속에 녹아 있던 석회질이나 철분 등의 광물질에 의해 서로 단단히 맞붙습니다.

지층, 어떤 암석으로 이루어져 있을까?

제비꼬리샘 물이나 바람에 의하여 부서지고 운반된 자갈, 모래, 진흙 등이 쌓인 것을 퇴적물이라 하고, 퇴적물이 쌓이고 오랜 시간이 지나면 단단한 암석이 되는데 이것을 퇴적암이라고 합니다. 퇴적암에는 어떤 것들이 있고, 각각 어떤 특징이 있는지 알아봅시다.

이암

셰일

사암

퇴적암의 특징 관찰하기

흰 종이에 여러 가지 퇴적암을 놓고 색깔과 알갱이의 크기 등을 관찰한다. 암석의 표면을 손으로 만졌을 때의 느낌을 살펴보고, 여러 가지 퇴적암을 페트리접시에 놓고 묽은 염산을 한두 방울 떨어뜨려 변화를 관찰한다. 알갱이의 크기를 관찰할 때는 돋보기로 자세히 들여다보고 크기를 서로 비교한다.

제비꼬리샘 진흙이나 갯벌의 흙으로 만들어진 이암은 어떤 특징이 있나요?

서현 연한 갈색이나 연한 노란색을 띠고, 알갱이의 크기가 무척 작아요.

열리 만져 보면 부드럽고, 깨질 때 덩어리 모양으로 깨져요.

병직 샘, 줄무늬가 있는 이 암석도 알갱이가 매우 작은데, 이것도 이암인가요?

제비꼬리샘 그것은 이암의 종류인 셰일이란 암석이에요. 셰일은 이암과 달리 얇은 줄무늬가 있고, 한쪽 방향으로 잘 쪼개지는 특징이 있어요. 지질 조사용 망치로 암석에 충격을 주었을 때 덩어리 모양으로 불규칙하게 깨지면 이암이고, 일정한 방향을 가지고 깨지면 셰일이에요.

| 역암 | 석회암 | 석회동굴 |

제비꼬리샘 주로 모래로 이루어진 사암은 어떤 특징이 있나요?

태양 연한 회색이고, 알갱이의 크기는 이암보다는 크고 역암보다는 작아요. 모래 정도 크기?

환규 만져 보니까 할머니 손처럼 좀 거칠고, 겉모양은 울퉁불퉁해요.

제비꼬리샘 자갈, 모래, 진흙 등이 굳어져 만들어진 역암은 어떤 특징이 있지요?

서현 자갈 사이에 모래나 진흙이 섞여 있어요. 알갱이의 크기가 큰 것과 작은 것이 섞여 있어요.

열리 색깔은 진한 회색이나 황토색을 띠고, 손으로 만지니까 약간 거친 부분도 있고, 그렇지 않은 부분도 있어요.

병직 사이사이에 굵은 자갈이 보여요.

제비꼬리샘 석회암은 산호나 조개껍데기 같은 생물의 일부나 물에 녹아 있는 석회질(탄산칼슘) 성분이 가라앉아서 만들어진 암석인데, 어떤 특징이 있나요?

서현 하얀색, 회색, 어두운 회색, 검은색을 띠고, 알갱이가 무척 작아서 눈에 안 보여요.

현준 만지면 매끈하고 부드러운 느낌입니다.

제비꼬리샘 묽은 염산을 떨어뜨리면 반응을 나타내는 암석은 어떤 것인가요?

병직 석회암에 묽은 염산을 떨어뜨리니까 보글보글 거품이 나요!

제비꼬리샘 그것은 석회암을 이루는 알갱이가 묽은 염산에 녹으면서 이산화탄소가 빠져나오기 때문에 생기는 거예요. 간혹 다른 퇴적암에서도 거품이 날 때가 있는데, 그것은 석회암 성분이 섞여 있기 때문입니다. 석회암은 시멘트와 석회, 비료 등의 재료로 사용되고, 산성비나 지하수에 녹아 있는 산성 물질에 잘 녹기 때문에 석회동굴처럼 관광자원이 되기도 하고, 때론 갑자기 땅이 푹 꺼지는 도심 싱크홀 현상의 한 원인이 되기도 한답니다.

제비꼬리샘과 함께하는 과학 상식

싱크홀

땅의 지반이 내려앉아 지면에 커다란 웅덩이 및 구멍이 생기는 현상이에요. 주로 석회암으로 이루어진 카르스트 지형에서 지하수에 의해 석회암이 녹아서 발생하는  땅 꺼짐 현상으로, 고깔콘 모양의 원뿔형 구멍이 생깁니다. 그 밖에도 지하수가 빠져나가거나 배수 시설 불량, 건설 공사 후 지반을 다지지 않는 등 여러 가지 원인이 있습니다.

퇴적암의 종류와 특징

이암 : 진흙이나 갯벌의 흙과 같이 알갱이의 크기가 매우 작은 것이 굳어져 만들어진 암석

사암 : 진흙보다 알갱이의 크기가 큰 모래가 굳어져 만들어진 암석

역암 : 자갈, 모래, 진흙 등이 굳어져 만들어진 암석

석회암 : 물에 녹아 있는 석회질 물질이나 동물 뼈, 조개나 소라 껍데기 등과 같은 생물의 일부가 쌓여 만들어진 암석. 석회암에 묽은 염산을 떨어뜨리면 거품이 나온다. 이 거품은 석회암을 이루는 알갱이가 묽은 염산에 녹으면서 이산화탄소가 빠져나오기 때문에 생기는 것이다.

현준 샘, 자다가 집이 푹 꺼지면 어떡해요?

제비꼬리샘 그러게? 현준이가 요즘 그 걱정 때문에 잠을 못 자서 자주 지각을 하는구나?

현준 아, 예…….

열리 선생님, 저는 싱크홀이 일어나면 바로 탈출할 수 있도록 뚜껑이 열리는 집을 만들 거예요. 그리고 잘 때 버튼만 누르면 하늘로 발사되는 장치를 만들어서 그 위에서 잘 거예요.

제비꼬리샘 완성되면 선생님한테도 알려 주렴. 나도 하나 사게.

퇴적암을 만들어 볼까?

실험: 퇴적암(사암) 모형 만들기

1. 종이컵에 모래를 1/3 정도 넣는다.

2. 모래에 물풀을 조금씩 넣으면서 나무 막대기로 섞어 모래 반죽을 만든다.
3. 나무 막대기로 모래 반죽을 누른다.
4. 하루 동안 그대로 놓아둔 다음에 모래 반죽을 꺼낸다.
5. 내가 만든 퇴적암 모형을 관찰한다.
6. 모형과 실제 퇴적암을 비교하고, 비슷한 점과 다른 점을 찾아본다.

제비꼬리샘 모래에 물풀을 왜 넣을까요?

서현 모래를 서로 붙게 하려고 넣는 게 아닐까요?

제비꼬리샘 네, 맞아요. 모래 알갱이 사이의 공간을 채워 서로 엉겨 붙게 해 주기 위해서 물풀을 넣는 거예요. 그럼, 나무 막대기로 모래 반죽을 왜 눌러 줄까요?

환규 단단하게 만들기 위해서예요.

제비꼬리샘 네, 모래 알갱이 사이의 공간을 줄이고 다져 주기 위해서 나무 막대기로 모래 반죽을 누르는 거예요. 퇴적암 모형 만드는 실험에서는 엉켜 붙고 다지는 작용을 순서대로 했지만, 실제로 퇴적암이 만들어질 때는 이 두 가지 작용이 동시에 일어납니다. 이 엉겨 붙고 다져지는 작용 때문에 퇴적암이 만들어지는 거예요.

열리 아, 그렇구나! 친구들 사이도 이렇게 물풀 역할을 하는 친구가 있어요. 꼭 필요한 친구예요. 그리고 서로 싸우고 화해하는 과정이 다지기 과정 같아요. 이런 일을 겪으면서 우정이 더 단단해지거든요. 헤헤.

제비꼬리샘 열리의 비유가 정말 멋지구나! 그래 너희들도 이 퇴적암처럼 오랜 시간 단단한 우정을 쌓기 바라요. 자, 여러분이 만든 퇴적암 모형과 실제 퇴적암의 비슷한 점은 무엇입니까?

태양 사암과 알갱이의 종류가 비슷하고 모양도 비슷해요.

제비꼬리샘 다른 점은?

병직 내가 만든 퇴적암 모형은 실제 퇴적암처럼 단단하지 않아요. 그리고 실제 퇴적암은 만드는 데 오랜 시간이 걸려요.

제비꼬리샘 그래요. 그럼 실제 퇴적암이 만들어지는 과정을 정리해 봅시다.

퇴적암이 만들어지는 과정
1. 햇빛, 비, 바람 등에 의하여 암석이 작게 부서진다.
2. 진흙, 모래, 자갈이 흐르는 물에 의하여 운반된다.
3. 호수나 강, 바다의 밑바닥에 쌓이면서 나중에 쌓인 층이 먼저 쌓인 층을 눌러 단단히 밀착시킨다.
4. 퇴적물 속의 광물질들이 녹아서 퇴적물의 알갱이들이 서로 엉겨 붙는다.
5. 오랜 시간이 지나면 퇴적물이 굳어져 퇴적암이 된다.

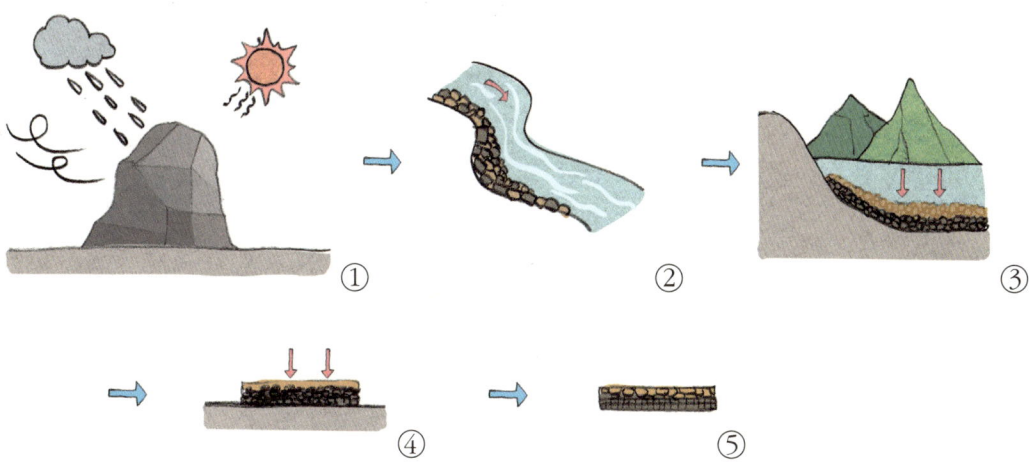

2. 공룡이 살았던 걸 어떻게 알 수 있지?

국보 제147호 울산 천전리 각석 앞에는 공룡 발자국이 200여 개나 있어요. 이처럼 한반도 전역에서 발견되는 공룡 발자국 화석은 어떻게 만들어졌을까요? 그것으로 우리는 무엇을 알 수 있을까요?

화석의 종류

제비꼬리샘은 오늘도 자전거를 타고 출근을 합니다. 그리고 수업을 시작하자마자 자전거 타는 사진 한 장을 보여 줍니다.

제비꼬리샘 요 사진에 찍힌 장소가 어딜까요?
태양 우리나라 풍경 같지 않아요. 풀들이 많고 초원 같은데요.
제비꼬리샘 선생님이 자전거를 타고 있는 이곳은 시화호 간척지예요. 경기도 화성시 송산면 고정리 일대인데, 1987년부터 방조제를

시화호 간척지

시화호 간척지의 공룡 알 화석

쌓고 바다를 매립하면서 시화호라는 거대한 호수가 생겼어요. 그리고 바다였던 곳이 육지가 되면서 바닷물 속에 잠겨 있던 곳이 뭍이 되어 공룡 알 화석이 무더기로 발견된 곳입니다. 이곳은 원래 바다가 아니라 호수였어요. 역암과 사암으로 된 퇴적층과 그 퇴적층 속에서 발견된 공룡 알과 둥지, 발자국 화석을 통해 이곳이 중생대에 육지였다는 것을 알 수 있어요. 그 후 많은 시간이 흘러 지구의 기온이 오르자 남극과 북극의 얼음이 녹아 해수면의 높이가 높아졌고, 호수였던 시화호 주변은 바닷물로 덮이게 된 것입니다. 지난번에 선생님이 퇴적암의 특징 중에 화석이 발견된다고 말한 적이 있죠?

서현 선생님, 공룡 알을 화석이라고 하면 공룡 발자국도 화석인가요? 화석인지 아닌지 정하는 기준을 알려 주세요.

제비꼬리샘 좋은 질문이에요. <u>옛날에 살았던 생물의 몸체나 흔적이 암석이나 지층 속에 남아 있는 것을 화석</u>이라고 해요. 그러니까 생물의 몸체가 아닌 공룡 발자국이나 공룡의 똥도 생물이 살았던 흔적을 나타내기 때문에 화석에 속합니다. 반드시 생물이나 생물이 남긴 흔적이어야만 화석이고, 적어도 약 1만 년은 넘은 것이어야 화석이라고 합니다. 오래 되었다고 해서 돌멩이를 화석이라고 하지 않는 이유를 알겠죠? 돌멩이는 생물의 몸체나 흔적이 아니기 때문이죠. 그러나 돌멩이 중에서도 공룡이 소화를 위해서 삼켰던 위석은 공룡의 소화 방법을 알 수 있기 때문에 흔적화석이라고 해요. 또한 원시인이 쓰던 돌도끼나 살던 움집터는 오래된 것이기는 하지만 사람들이 만든 것이므로 화석이라고 하지 않고 유물이나 유적이라고 합니다. 그럼, 화석은 어떻게 만들어질까요? 가장 거대한 몸집을 지녔던 브라키오사우루스의 예를 들어 볼까요?

현준 브라키오사우루스가 죽어서 땅에 묻히면 화석이 되나요?

제비꼬리샘 아니오. 죽으면 다른 공룡들이 와서 살과 뼈를 먹고, 남은 뼈는 비바람을 맞으며 부서져서 화석으로 남기가 어렵겠지요. 만약 홍수나 산사태가 나서 흙에 바로 묻힌다면 이야기가 달라집니다. 살만 썩고 뼈는 그대로 남아서 오랜 시간이 흐르면 서서히 화석이 됩니다. 하지만 흙 속에 묻힌다고 모두 화석이 되는 것은 아니에요. 화석화 작용이라고 하는 특별한 과정을 거쳐야 한답니다. 자, 그럼 생물체가 화석화되는 네 가지 형태를 알아봅시다.

제비꼬리샘과 함께하는 과학 상식

화석화되는 형태

1. 몰드와 캐스트 : 물체가 암석에 묻히게 됐을 때 그 물체가 지하수에 의해 녹거나 부서져서 사라지면 그것이 있었던 공간에 물체의 형태만 남고 비게 돼요. 바로 그것을 몰드라고 하지요. 몰드가 있던 빈 공간으

몰드(암모나이트 화석)

캐스트(암모나이트 화석)

로 흙이 들어가 굳으면 그 물체의 모양 그대로 굳어지는데, 그것을 캐스트라고 해요.

2. 화석화 작용 : 땅속에 묻혀 있는 생물체를 이루는 물질과 땅속에 들어 있는 광물질이 서로 자리를 바꾸거나, 지하수에 녹아 있던 광물질이 생물체의 조직으로 스며드는 것을 말해요. 이 과정을 통해 동물의 뼈나 식물의 조직 대신 광물질이 들어가기 때문에 화석이 돌멩이처럼 딱딱하게 느껴지는 것입니다. 규화목은 나무의 나이테, 껍질 무늬 등은 그대로 남아 있지만, 성분은 모두 광물 성분으로 바뀌어 나무 모양을 한 돌이 된 것입니다.

3. 탄소 성분만 남은 식물 : 식물이 지층에 묻힌 뒤 아주 오랜 시간 동안 열과 압력을 받으면, 탄소를 제외한 나머지 성분은 없어지고 탄소 성분만 남게 됩니다. 암석 표면에 숯덩이처럼 새까만 가루로 남겨진 식물 화석은 바로 이런 건류에 의한 화석화 작용을 거친 식물의 흔적이지요.

4. 분해 방지하기 : 앞서 말한 화석화 작용들은 단단한 부분만을 보존하고 털과 같이 미세한 정보를 주지는 못해요. 하지만 어떤 물질이 얼게 되면 죽은 생물체가 썩지 않고 그대로 보존되어 물체의 자세한 모습을 볼 수 있게 됩니다. 1999년 시베리아의 빙하 층에서는 꽁꽁 언 매머드 미라가 발견되기도 했어요. 또한 나무에서 나오는 끈적끈적한 송진에 빠져 죽은 생물들이 시간이 지나 송진이 단단하게 굳어서 '호박'이 되면 썩지 않고 그 형태가 그대로 유지됩니다.

규화목 매머드 미라 호박 속 곤충

제비꼬리샘 화석화되는 네 가지 형태가 이해가 됐나요?

태양 그러니까 형태가 온전하게 발견되려면 호박 속에 갇히거나, 얼음 구덩이 속에 빠지거나, 아주 건조한 사막에서 수분이 완전히 빠진 상태로 땅속에 묻히면 되겠네요?

제비꼬리샘 설마 네가 그렇게 되고 싶다는 얘기는 아니지? 먼 미래에 화석으로 발견되고 싶어?

태양 혹시 알아요, 샘? 그렇게 미래에 제 모습이 영영 전해질지. 크크.

제비꼬리샘 쯧쯧, 태양이의 저 왕성한 탐구 정신!

제비꼬리샘 그럼 이번엔 어떤 조건을 갖춰야 화석이 될 수 있는지 알아봅시다.

화석이 되는 조건

1. 생물체가 빨리 흙에 묻힐 것. 빨리 묻히지 않으면 다른 동물에게 잡아먹혀서 온전한 형태를 유지하기 어렵다.
2. 죽은 생물의 몸에 단단한 부분이 있을 것. 부드러운 부분은 얼마 지나지 않아 모두 썩기 때문이다.
3. 그 생물체의 개체 수가 아주 많을 것. 어떤 생물이 화석으로 남기가 쉽지 않은 일이기 때문에 몇 마리라도 화석으로 남으려면 개체 수가 아주 많아야 된다.
4. 땅속에 묻혀 있는 동안 화산 폭발 등으로 인한 뜨거운 열이나 압력을 받지 않을 것. 그렇게 되면 화석이 모두 녹아 버리기 때문이다.

제비꼬리샘 자, 그러면 어떤 곳에서 화석을 찾아야 하는지 알겠죠?

병직 네, 선생님! 퇴적암이요!

제비꼬리샘 네, 맞아요! 퇴적암은 쌓인 뒤 열과 압력에 의한 변성의 과정을 거치지 않았기 때문에 그 속에서 화석을 발견할 수 있어요.

표준화석과 시상화석이 뭐야?

제비꼬리샘 그럼 퇴적암 속에서 발견되는 여러 가지 화석의 모양을 관찰하고 특징을 알아볼까요?

암모나이트 화석 : 나선형으로 돌돌 말린 모양이며, 바다에서 생활하였던 생물이다.

삼엽충 화석 : 모습은 머리, 가슴, 꼬리의 세 부분으로 나눌 수 있으며, 바다에서 기는 생활을 하였다.

상어 이빨 화석 : 이빨의 가장자리가 마치 톱처럼 뾰족하다. 발견된 곳이 상어의 서식지였다는 것을 알 수 있다.

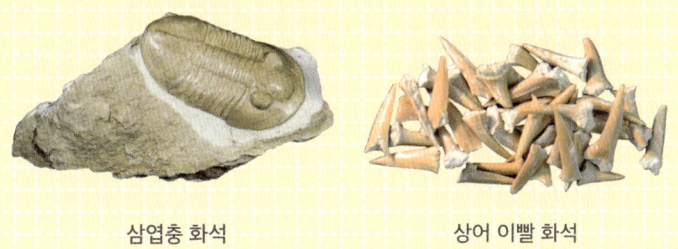

삼엽충 화석   상어 이빨 화석

환규 선생님, 옛날 사람들도 산꼭대기의 조개 화석을 보고 그곳이 예전에 바다였다는 생각을 했을까요?

제비꼬리샘 좋은 질문이에요. 옛날 사람들은 조개 화석이 산꼭대기에 있는 것을 보고 그곳이 과거에 바다였다는 생각은 하지 못했다고 해요. 지구에 대홍수가 나서 온 세상이 물에 잠겼을 때 바다 동물의 시체가 산으로 올라와서 돌이 되었다고 생각했다고 합니다. 사람들은 화석을 '모양 있는 돌'이라고 불렀는데, 이 모양 있는 돌이 식물처럼 땅속에서 자라난다고 믿었대요. 그런데 1638년 덴마크의 지질학자인 니콜라우스 스테노는 화석의 모양과 화석에 새겨진 섬세한 무늬를 보고, 그런 돌이 자연에서 우연히 자라날 수 없다는 것을 알았다고 합니다. 스테노는 조개 화석이 먼 옛날에 살았던 진짜 조개의 흔적이 틀림없다고 생각했어요. 스테노는 조개껍데기가 묻혔을 때는 그곳이 바위가 아니라 부드러운 진흙이었을 것이라고 생각했답니다. 스테노는 퇴적 작용의 실험을 통해 화석이 묻혔던 땅이 본래 연한 퇴적물이었으나 오랜 시간에 걸쳐 굳어지면서 단단한 암석이 되었음을 알아냈다고 해요.

병직 선생님, 그럼 어떤 화석을 보면 그 지층이 만들어진 시기를 알 수 있나요?

제비꼬리샘 그럼요. 그렇게 특정한 시대에 살아서 그 화석을 보면 어떤 시대인지 알 수 있는 기준이 되는 화석을 '<u>표준화석</u>'이라고 해요. 표준화석에는 고생대의 삼엽충·필석·갑주어, 중생대의 공룡과 암모나이트, 신생대의 매머드, 화폐석 등이 있어요. 이 표준화석을 알아낸 사람은 영국인 측량사였고 나중에

지질학자이자 고생물학자가 된 윌리엄 스미스(1769~1839년)란 사람이에요. 윌리엄은 측량사로 일하면서 오랫동안 지층을 연구하다가 특정한 지층에는 특정한 화석이 발견된다는 것을 알아냈다고 해요.

병직 화석을 보면 옛날 그 지역의 자연환경도 알 수 있나요?

제비꼬리샘 그럼요. 예를 들어 세계에서 가장 높은 에베레스트 산 꼭대기에서 조개 화석이 발견되는 건 어떤 뜻일까요? 네, 맞아요. 예전에는 그곳이 바다였다는 거예요. 이처럼 화석을 관찰하면 과거에 그 지역의 환경을 알 수 있어요. 이렇게 과거의 환경을 짐작할 수 있게 하는 화석을 '시상화석'이라고 해요. 시상화석이 되려면 특정한 환경에만 살고, 오늘날까지 살고 있는 생물이라야 합니다. 예를 들어 산호는 따뜻하고 얕은 바다에서만 사는 생물이에요. 그러니까 산호 화석이 발견된다면 그곳이 옛날에 따뜻하고 얕은 바다였다는 것을 알 수 있지요. 만약 고사리 화석이 발견된다면, 옛날에 그 지역이 어떤 환경이었을까요?

서현 고사리는 따뜻하고 습기가 많은 육지에 사니까 옛날에는 그곳이 따뜻하고 습기가 많은 육지였다는 뜻입니다.

제비꼬리샘 맞아요! 역시 내 제자들은 똑똑하단 말이야. 흠흠.

살아 있는 화석

화석으로 발견된 것인데도 지금까지 살아 있는 생물을 '살아 있는 화석'이라고 해요. 실러캔스, 산호, 은행나무 등이 있지요. 그중 실러캔스는 가장 오래 전부터 있어 왔던 유악류(턱이 있는) 물고기입니다. 고대에서부터 번식한 살아 있는 화석으로 백악기 때 멸종한 것으로 알려져 왔으나, 1938년 살아 있는 개체가 발견되었습니다. 과학자들은 실러캔스가 부레로 강이나 호수에서 육상으로 올라오기도 했지만, 다시 바다로 갔을 것으로 추정하고 있어요. 현재 살고 있는 실러캔스는 깊은 바다에 적응해 바다에서 서식하고 있습니다.

실러캔스 화석

1938년에 발견된 실러캔스

화석은 어떻게 만들어지는가?

제비꼬리샘 화석이 만들어지는 과정을 화석 모형 만들기로 알아봅시다. 무슨 화석을 만들고 싶어요?

현준 당연히 공룡이죠!!

제비꼬리샘 공룡만 만들지 말고 조개껍데기나 나뭇잎 등 다양하게 만들어 보세요. 화석은 어떻게 만들어질까요?

태양 생물의 몸체나 흔적이 퇴적물에 남겨져야 해요.

환규 그런 다음 단단히 굳어져야 됩니다.

제비꼬리샘 그래요. 그럼 다음 순서대로 만들어 봅시다.

실험: 나만의 화석 모형 만들기

준비물 : 찰흙, 찰흙 판, 알지네이트 반죽, 조개껍데기(공룡 모형, 나뭇잎 등)

1. 찰흙으로 찰흙 반대기를 만들어 찰흙 판에 올려놓는다.
2. 찰흙 반대기에 조개껍데기를 올려놓고, 손으로 눌렀다가 떼어 낸다.
3. 찰흙 반대기에 생긴 조개껍데기 자국이 모두 덮이도록 알지네이트 반죽을 붓는다.
4. 알지네이트가 다 굳으면 찰흙 반대기에서 떼어 낸다.

주의할 점 : 알지네이트 반죽은 미리 만들어 놓으면 굳기 때문에 수업 중에 만들어야 한다.

- 조개껍데기 외에 나뭇잎 등 다양한 모형 화석을 준비하도록 한다.

화석 모형 만들기

열리 와, 샘! 이거 진짜 화석 같아요!

제비꼬리샘 그렇죠? 진짜 화석과 여러분이 만든 모형 화석의 비슷한 점은 뭘까요?

병직 모양, 크기, 무늬가 비슷해요. 진짜 화석처럼 생겼어요.

제비꼬리샘 그럼, 다른 점은 무엇일까요?

서현 실제 화석은 화석 모형보다 단단하고, 색깔과 무늬도 선명해요.

태양 화석 모형은 금방 만들었지만, 실제 화석은 만들어지는 데 오랜 시간이 걸립니다.

제비꼬리샘 그럼, 실제 화석은 어떻게 만들어질까요? 삼엽충 화석이 만들어지는 과정을 통해 알아봅시다.

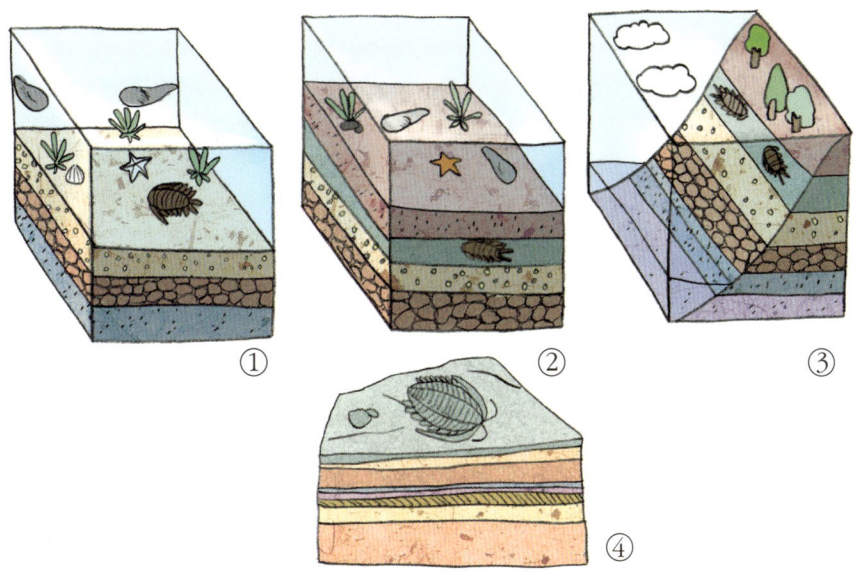

삼엽충 화석이 만들어지는 과정

1. 바다에 살던 삼엽충이 바닥에 가라앉는다.
2. 물에 의하여 운반된 퇴적물이 삼엽충 위에 쌓인다.
3. 퇴적물이 계속 쌓여 오랜 시간이 지나면 삼엽충의 몸체가 화석으로 변한다.
4. 풍화작용이나 침식작용으로 지층이 깎이면서 삼엽충 화석이 지층 위로 드러나게 된다.

화석이 석유가 된다고?

열리 선생님, 신기해요! 어떻게 그 오랜 세월을 땅속에 묻혀 있다가 우리 눈에 발견되는지.

제비꼬리샘 그렇죠? 그래서 화석을 연구하는 고생물학자들은 탐정이나 다름없어요. 눈이 밝아야 하죠. 고생물학자들은 화석을 발견하면 발견된 곳의 지층과 암석 및 지질 구조를 자세히 관찰합니다. 그 이후에 필요하면 화석을 발굴하여 연구실로 옮긴 다음 정밀한 연구를 하지요. 이때 공룡처럼 큰 화석은 크게 떼어 낸 뒤에 석고로 덮어 운반한다고 해요. 연구실에 옮긴 다음 엑스선 촬영이나 컴퓨터 단층 촬영, 현미경 관찰 등을 통해 화석의 구조를 파악하지요. 또한 화석을 둘러싸고 있는 암석을 제거하고, 원래 생물의 모양대로 화석 조각을 맞춰서 복원 후 전시하기도 합니다.

서현 재미있을 것 같기도 하고 힘들 것 같기도 해요.

제비꼬리샘 지구의 역사를 알고 싶은 사람은 고생물학자가 되어 화석을 연구하면 좋겠지요? 그럼, 이렇게 귀한 화석은 우리 일상생활에서 어떻게 사용되는지 말해 볼까요?

태양 우리가 연료로 쓰는 석탄과 석유도 화석에서 얻을 수 있습니다. 석탄은 아주 오래전 울창한 숲을 이루었던 습지 식물이 땅속에 묻히고 그 위에 퇴적물이 계속 쌓여 만들어집니다. 석유는 바다 생물들이 땅속에 묻히고, 그 위에 퇴적물이 계속 쌓여 만들어진 것입니다. 석탄으로는 연탄도 만들고, 석유는 자동차의 연료나 난방용 기름 등으로 쓰여요.

제비꼬리샘 석유나 석탄은 연료로만 쓰일까요?

환규 아니오. 조사해 보니까 굉장히 많은 곳에 쓰였어요. 석유는 우리가 쓰는 학용품이나 장난감 등 플라스틱으로 만든 물건의 원료가 되고, 나일론 등 옷의 섬유, 합성세제, 화장품, 약품,

공룡 화석 발굴 모습

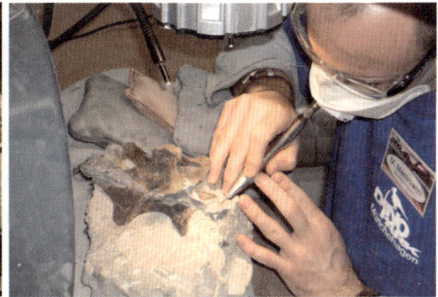
고생물학자

비닐, 페인트, 아스팔트 등의 원료로 쓰여요.

제비꼬리샘 석유가 안 쓰이는 곳이 없군요. 그리고 여러분이 쓰는 연필심의 흑연도 석탄으로 만들어진 거예요. 이렇게 화석을 연구하면 석탄이나 석유와 같은 에너지 자원이 많이 있을 만한 곳을 찾을 수 있어서 여러모로 실생활에 유용하답니다.

화석을 통하여 우리가 알 수 있는 것
1. 옛날에 살았던 생물의 모양과 특징을 알 수 있다.
2. 생물이 살았던 장소와 그 지역의 환경도 알 수 있다.
3. 생물의 진화 과정도 알 수 있다.
4. 지층의 순서를 알 수 있다.
5. 지하자원이 묻힌 곳을 알 수 있다.

궁금해요

과학자 라이엘은 어떻게 지층의 비밀을 밝혔을까요?

우리는 화석을 통해 옛날의 환경을 어떻게 알아낼 수 있을까요? 만약 어떤 생물이 고생대부터 현재까지 존재한다면 우리는 그 생물이 살던 환경이 고생대 때도 지금과 비슷했을 거라고 짐작할 수 있답니다. 이것을 '동일과정의 원리'라고 해요. 좀 어렵지요? 산호를 예로 들어 볼게요. 산호는 고생대부터 현재까지 지구에 살고 있는 생물입니다. 산호는 따뜻하고 소금기가 많은 얕은 바다에서만 산답니다. 산호를 통해서 우리는 고생대부터 산호가 살았던 지역도 따뜻하고 소금기가 많은 얕은 바다였을 거라는 것을 알 수 있지요.

이 동일과정의 원리는 영국의 지질학자 제임스 허턴(1726~1797)에 의해 처음 밝혀졌습니다. 그 당시에는 지구가 신과 같은 초자연적 현상에 의해 창조되었고 성서의 노아의 홍수와 같은 사건에 의해 영향을 받았다는 생각이 대부분이었습니다. 『지구의 이론』이란 책에서 허턴은 지구는 긴 역사를 가지며, 이 역사는 현재 관찰되는 과정으로 해석될 수 있음을 실제의 예를 들어 밝혔습니다. 그는 암석이 풍화되어 어떻게 흙이 만들어지는지, 또 어떻게 퇴적암층이 쌓였는지를 예를 들어 제시했습니다. 그는 이 책을 통해 지층에 기록된 지구의 역사는 오랜 시간이 걸린 과정을 통해 만들어진 것이며, 신과 같은 어떤 초자연적인 원인도 필요하지 않다고 했습니다. 허턴의 이론은 지구의 역사는 약 6,000년 정도이며 지구가 인간을 위해 특별하게 창조되었다는 성서 속의 지구에 대한 생각에 반대하는 것이어서 코페르니쿠스의 지동설만큼이나 그 시대에는 받아들이기 힘든 주장이었답니다.

영국 지질학자 찰스 라이엘(1797~1875)은 그의 저서 『지질학 원리』에서 허턴의 이론을 인용하여 지구 역사를 풀어 냈고, 지층의 비밀을 밝히는 새로운 많은 지질학적 증거들을 제시했답니다. 라이엘은 지층에 숨겨진 지구의 비밀을 밝혔으며, 생물 진화의 기초를 확립한 큰 업적을 남겼습니다. 라이엘은 박물학자였던 그의 아버지 덕분에 어린 시절부터 지질학을 비롯한 다양한 학문에 접할 기회가 많았습니다. 어린 시절의 라이엘은 혼자 숲에서 산책하며, 나비와 수생 곤충 수집을 즐겼습니다. 그는 관찰력이 매우 뛰어났으며 어린 시절 만들어진 그의

찰스 라이엘

수집과 비교의 재능은 지질학 연구에 큰 도움이 되었답니다. 지질학은 암석과 화석을 수집하고 지층을 비교하고 분석하는 것을 통해 지층에 새겨진 지구의 역사를 알아내는 학문이기 때문이지요. 라이엘은 산이나 계곡 같은 지구의 지형들이 신에 의해 갑자기 만들어진 것이 아니라 엄청나게 오랜 시간동안 침식과 퇴적 등의 과정을 거쳐 만들어진 것이라는 생각을 갖고 있었어요. 그는 1828년 5월부터 1829년 2월까지 이탈리아를 여행하며 자신의 주장을 증명할 수 있는 많은 사례를 수집하고, 그 결과로 〈지질학 원리〉라는 책을 쓰기 시작했답니다.

라이엘의 책은 『종의 기원』을 써서 진화론을 확립한 찰스 다윈(1809~82)에게 큰 영향을 미쳤습니다. 다윈은 그 유명한 비글호 여행 기간에 찰스 라이엘의 『지질학 원리』 세 권 중에 첫 두 권을 읽었습니다. 다윈은 이때 지구의 역사가 자신의 진화론을 펼칠 만큼 충분히 오래되었다는 확신을 갖게 되었다고 합니다. 여러분도 어린 시절의 찰스 라이엘처럼 주변의 동식물을 관찰하고 새로운 것에 대한 호기심을 멈추지 않는다면 지구의 새로운 비밀을 밝힐 멋진 과학자가 될 수도 있지 않을까요?

찾아보기

ㄱ

가슴근육	82
가시광선	116
가시철조망	143
갈릴레오 갈릴레이	29
감각모	129
강낭콩 씨	99
강낭콩이 싹 트는 과정	103
강의 상류	161
강의 중류	161
강의 하류	161
개구리(참개구리)	66
개구리의 한살이	51
개기월식	12
개미	65, 76
거름	109
거미(긴호랑거미)	66
거미줄	88
검정말	136
곁뿌리	105
고요의 바다	27
곤충의 조건	71
곤충의 한살이	49
곧은뿌리	105, 106
공기	20
공룡 발자국	217
공룡 알	217
공벌레	66, 76
관다발	105, 106
광합성	32, 99, 109
구름	22
구상나무	137
규소	164
규화목	219
그물맥	105
극반지름	15
기생식물	110
기요	19
깃털	82
까치	66
꽃매미	51
끈끈이주걱	129

ㄴ

나란히맥	106
나비(호랑나비)	65
낙타	84
날개	82

날개막	83	대리석	154
날치	82	덩굴손	128
남극	31, 84	덩굴장미	143
내진 설계	195	도깨비바늘	124
내핵	169	도도새	87
녹색조류	117	도마뱀붙이	89
니콜라우스 스테노	222	도자기	151
		동물의 한살이	43
		동일과정의 원리	230
ㄷ		두더지	74
단성생식	53	따오기	87
단층	205	떡잎	100, 104
단풍나무 씨앗	141	떡잎싸개	104
달	24		
달 기지	35	ㄹ	
달 탐사	32	라이트 형제	81
달의 바다	27	라이프니츠 산맥	28
달의 산맥	28	레오나르도 다빈치	141
달팽이	66	리히터 규모	186
닭의 한살이	57		
대기	15, 20	ㅁ	
대기권	32	마그마	170
대류작용	170	마그마의 점성	171
대륙 사면	19	마리아나해구	17
대륙붕	18, 19	마젤란	13
대륙지각	170		

매머드	219	배(씨눈)	100
맨틀	169	배젖	100
메탄	23	배추흰나비	44
멸종 위기 종	86	배추흰나비 번데기	47
모래	148	배추흰나비 사육 상자	45
모래사장	151	배추흰나비 성충	48
모멘트 규모	187	배추흰나비 알	45
몰드	218	배추흰나비 애벌레	46
무궁화	124	뱀	74
무정란	56	버드나무	144
물자라	80	벌레잡이식물(식충식물)	129
물푸레나무	125	벨크로	140
		벼과 식물	105
		벼의 한살이	114

ㅂ

바늘두더지	55	변성암	164
바다	15	보호색	47
바람	20	본잎	104
바오바브나무	138	부들	136
바위	153	부레옥잠	134
박쥐	82	부분월식	12
방사능 오염	157	부석	174
방사선	91	북극	31
방수 페인트	141	분류	69
방수복	141	불완전탈바꿈	49
방향제	143	불의 고리	191

불카누스	169	석회질(탄산칼슘)	211
붕어	80	세계의 지진대	190
블루홀	18	셰일	210
비비추의 한살이	115	소금쟁이	67
		솔이끼	133
ㅅ		솜다리	137
사구	163	수그루	133
사랑앵무	67	수술용 실	88
사막	31, 84	수압	172
사막화	90	수염뿌리	106
사암	211	수정	52
사행천	160	수증기	22
사화산	170	수채	50
산성비	154	수평 지층	205
산소	23, 32	순상화산	171
산양	87	슈퍼문	24, 25
산호	71	스텔러바다소	87
삼엽충	221, 226	스트로마톨라이트	20
상어 이빨 화석	221	습곡	205
생강나무	124	시상화석	223
생물 종 복원 사업	87	시아노박테리아	20
석유	228	시화호	216
석탄	228	식물의 한살이	101
석회동굴	154	실러캔스	224
석회암	211	심해 평원	18, 19

심해아귀	52	온실가스	23
십자화과 식물	44	올림푸스몬	198
싹	98	왁스 성분	141
쌍떡잎식물	105	완전탈바꿈	49
씨	95	외떡잎식물	106
씽크홀	212	외핵	169
		용암	170, 173
◎		용암대지	171
아마존 몰리	53	용암동굴	179
아세틸살리실산	144	우산이끼	133
아스피린	144	우엉가시	140
아폴로 11호	27	우주 음식	33
알렉산더 플레밍	145	우주복	36, 37
알프스-히말라야 지진대	192	운석구덩이	27
암그루	133	원뿌리	105
암모나이트	221	원시 지구	24
애기똥풀	124	원자력발전	91
양분	99	원추화산	171
에베레스트 산	16	월식	12
여러해살이식물	112	위석	217
연 잎	141	위성	24
엽록소	108, 118	위성사진	15
오리너구리	55, 71	윌리엄 스미스	223
오존층	22, 117	유기물	164
옥수수가 싹 트는 과정	104	유정란	56

유충	49	중앙해령	19
육지	15	중앙해령 지진대	192
은방울꽃	125	쥐똥나무	123
이끼	135	증발	22
이산화탄소	23, 32, 108	지각 판	170
이암	210	지각	169
이오	198	지구 그림자	12
잎의 구조	126	지구 내부의 구조	169
		지구 대기의 성분	23
		지구 표면	15

ㅈ

자벌레	89	지구온난화	90
자외선	22	지구자기장	39
자전 각도	39	지렁이	148
자주색 박테리아	117	지열발전	179
잠자리 날개	88	지진	180
잠자리	51, 82	지진해일(쓰나미)	185, 189
장수풍뎅이	50	지질 구조	227
적도반지름	15	지질학 원리	231
제2산화철	165	지층	203
제임스 허턴	230	진흙	149
제트 슈트	81	질소	23, 109
조지 드 메스트랄	140	짝짓기	52, 55
종의 기원	231		
종자식물	94	## ㅊ	
주기	189	찰스 다윈	129, 231

찰스 라이엘	230	퇴적	162
찰스 리히터	187	퇴적물	204
채석강	203	퇴적암	209, 213
챌린저해연	17	퉁퉁마디	139
처녀생식	53		
체내수정	52		
체외수정	52	**ㅍ**	
초록색 박테리아	117	파장	189
초롱꽃	124	판구조론	170
충돌 실험	33	팔손이	124
층리	209	패러글라이딩	21
칠면초	139	페니실린	145
침식	162	펠릭스 호프만	145
		펭귄	84
		포도당	108
ㅋ		포유동물	52
캐스트	219	포자식물	94
캡슐형 내시경	89	표준화석	222
코어 샘플	207	푸른곰팡이	145
쿡소니아	116	풍화작용	154
크레이터	28	플라이어호	81
ㅌ		**ㅎ**	
태양풍	39	하늘다람쥐	82
테이아	38	한해살이식물	112
토기	149	할미꽃	123

항성	198	화산분출물	172
해구	17	화산섬	19, 179
해마	71	화산암괴	173
해산	18, 162, 204	화산재	173
해양지각	170	화산지진	181
해연	17	화산진	173
해저산맥	19	화살나무	123
해저화산	173	화석 모형 만들기	225
핵발전	91	화석	217
햇빛	99	화석연료	90
허물벗기	46	화석화 작용	218
허브	143	화성암	164
헬리콥터	88, 141	환태평양 지진대	191
현무암	175	활화산	170
현무암질 암석	27	황조롱이	82
호박	219	회유성 물고기	80
혼합화산	172	휴화산	170
홀씨(포자)	134	흔적화석	217
홀씨주머니	134	흙	148
화강암	175	흙의 물 빠짐	150
화분에 식물 심는 법	102		
화산 쇄설류	177		
화산	169		
화산가스	173, 178		
화산력	173		

239

사진 출처

12쪽 장현우, 16쪽 위키피디아, 17쪽 라이브사이언스, 18쪽 USGS, 21쪽 위키피디아 Greg O'Beirne, 29쪽 NASA, 34쪽 워너브라더스, 35쪽 NASA, 38~39쪽 NASA, 45쪽 박연미·위키피디아, 46쪽 위키피디아, 47쪽 위키피디아 entomart, 49쪽 위키피디아 池田正樹, 50쪽 위키피디아 ElHeineken·성충(픽사베이), 51쪽 애벌레(위키피디아 Daiju Azuma)·성충(위키피디아 Tim Bekaert), 54쪽 박연미, 61쪽 심해아귀(raleighncs.blogspot.com)·아마존 몰리(텍사스주립대학 Chad Thomas), 66쪽 위키피디아·공벌레(위키피디아 Franco Folini)·소금쟁이(위키피디아 Webrunner), 68쪽 박연미, 71쪽 위키피디아 Klaus, 74쪽 픽사베이, 81쪽 위키피디아 John T. Daniels, 82쪽 황조롱이(위키피디아 Sepand Bakhtiari)·날치(위키피디아 David Starr Jordan and Barton Warren Evermann), 84쪽 픽사베이, 85쪽 아델리펭귄(위키피디아 Jason Auch)·낙타(픽사베이), 87쪽 도도새(픽사베이)·스텔러바다소(위키피디아 Emőke Dénes)·산양(위키피디아 Robert Lawton)·따오기(위키피디아 Zhang Zhicheng), 91쪽 PNAS, 115쪽 위키피디아, 116쪽 초록 식물(위키피디아 Gleilson Miranda)·쿡소니아(위키피디아 Smith609), 117쪽 위키피디아 VladiDamian, 123쪽 쥐똥나무(위키피디아 Dalgial)·할미꽃(픽사베이)·화살나무(위키피디아 Dalgial), 124쪽 초롱꽃(위키피디아 Mariko GODA)·도깨비바늘(위키피디아 Dalgial), 125쪽 애기똥풀(위키피디아)·팔손이(위키피디아 Dalgial), 129쪽 위키피디아·픽사베이, 133쪽 솔이끼(위키피디아 James K. Lindsey)·솔이끼 암수그루(위키피디아 Salamander724)·우산이끼(위키피디아 Manfred Morgner)·우산이끼 암수그루(위키피디아 Salamander724), 134쪽 부레옥잠(픽사베이)·부레옥잠 단면(박연미), 135쪽 위키피디아, 136쪽 검정말(위키피디아)·부들(위키피디아 Andre Chalmers), 137쪽 위키피디아, 138쪽 바오바브나무(위키피디아 Bernard Gagnon)·기둥선인장(픽사베이), 139쪽 칠면초(박연미)·퉁퉁마디(위키피디아 Marco Schmidt), 144~145쪽 위키피디아, 154쪽 풍화작용(위키피디아 Little Savage)·박리작용(www.myssem.com), 161쪽 회룡포(위키피디아)·검룡소(태백시), 163쪽 사구(위키피디아 Tuxyso)·카파도키아(픽사베이)·브라이스캐니언(위키피디아 Wolfgang Beyer), 165쪽 NASA, 171쪽 순상화산(위키피디아 Nula666)·용암대지(위키피디아)·원추화산(위키피디아 Tomas Tam)·혼합화산(위키피디아 Josep Renalias), 174~175쪽 위키피디아, 177쪽 에이야프얄라요쿨 화산(위키피디아 Boaworm)·사쿠라지마 화산(위키피디아 ja:User:Krypton), 178쪽 위키피디아 Lancevortex, 182쪽 위키피디아 人神之间, 184쪽 지진해일(위키피디아 David Rydevik)·후쿠시마(위키피디아 Digital Globe), 185쪽 위키피디아 최광모, 196쪽 박연미, 198~199쪽 NASA, 203쪽 한국관광공사, 207쪽 위키피디아 Joshua Doubek, 210쪽 위키피디아, 211쪽 위키피디아·픽사베이, 212쪽 위키피디아 Scott Ehardt, 216쪽 박연미, 218~219쪽 위키피디아, 221쪽 위키피디아, 224쪽 실러캔스 화석(위키피디아)·실러캔스(위키피디아 Citron/CC BY-SA3.0), 229쪽 공룡 화석 발굴(유니버설픽쳐스)·고생물학자(위키피디아 Nils Knötschke), 231쪽 위키피디아

*이 책에 실린 사진들은 저작권자의 허락을 받아 사용하였습니다. 혹 저작자와 출처의 표기가 빠지거나 잘못된 점이 있다면 연락 주시면 바로잡겠습니다.